Michele Fronterrè

Uno splendido insuccesso imprenditoriale

Una start up in Italia

Grantorino libri

www. grantorinolibri. it
editore@grantorinolibri. it

Edizione ottobre 2015

Copertina e Art direction: Franco Lima

Editor: Filippo Baggiani

Carmina non dant panem

Questo volume lo dedico a Riccardo. Senza di lui, forse, quest'avventura non sarebbe mai iniziata. Riccardo è stato per me un mentore. Oggi, è un amico. A lui devo gli stimoli verso quelle cose che mi riempiono la vita. E questo volume, appunto, ne è la sintesi: l'impresa e la scrittura.

Riccardo è uno che sa fare e che ha sempre lavorato cercando di trasferire il suo saper fare agli altri. Qualità assai rare, queste, perfino laddove la deontologia lo impone: l'università.

Nella sua attività, in particolare quella sperimentale, ha saputo coniugare la ricerca con l'attenzione maniacale per i dettagli, l'applicazione meticolosa di un metodo con l'esigente praticità di una lavorazione meccanica. Il truciolo con l'estetica.

Fu lui, dopo la laurea, a indirizzarmi verso l'attività professionale, lontano dalla litigiosità dei dipartimenti universitari dove, assai spesso, si perpetua l'adagio che in Sicilia recita così: "10 viddani, 10 trattori", ovvero l'assoluta incapacità di cooperare unendo l'intelligenza per un interesse più alto, che non sia il lustro di un contratto, la vanità, o semplicemente qualche punto di impact factor. Fu lui a farmi capire l'importanza di una cultura trasversale, cui molti atenei hanno rinunciato in ossequio allo spirito del tempo che vuole gli studenti iper specializzati, con buona pace della lezione steineriana.

Fu lui a parlarmi, per primo, dell'incubatore di imprese del Politecnico. E, senza il suo contributo, in uno dei momenti societari più difficili, non avremmo trovato in tempo tutti i partner necessari per costruire un consorzio europeo (istituti di ricerca e imprese) grazie al quale Ingenia, la società protagonista di questa storia, come capofila poté presentare domanda e aggiudicarsi un pingue finanziamento europeo.

Fu Riccardo a spingermi a conoscere le storie, umane e imprenditoriali, di Adriano Olivetti e di Riccardo Gualino. Di quel Piemonte, operoso e d'avanguardia, ingegnoso e rispettoso dell'arte, capace di far sua e di realizzare l'idea che fu del forlivese Guido Bonatti. Far parlare il sapere scientifico con quello umanistico. Grazie, dunque.

Torino 02/09/2015

Tutta la storia non è che una lunga ripetizione:
un secolo plagia l'altro.
Victor Hugo

Prefazione

Fall and rise again, cadi e rialzati ancora. È il ritornello californiano dal sapore vagamente biblico che accompagna, immancabile, le storie di successo che popolano l'immaginario collettivo della scena tecno-imprenditoriale di tutto il mondo. È la "narrativa", con la sua semantica di salvazione che trasuda dalle pagine di Wired. Una narrativa che però - piuttosto spesso a dire il vero - deve fare a pugni con la realtà.

La storia di Michele Fronterré, ingegnere dai caleidoscopici interessi e con il proverbiale fuoco nelle vene, è la cronaca agrodolce di un siciliano che si vuol fare imprenditore a Torino. Nella sua lingua aspra rivivono le piccole diffidenze e disillusioni levigate da secoli di occupazioni e liberazioni. È il Bildungsroman, il romanzo di formazione che non può mancare nella libreria di chi apprezza l'entusiasmo delle torme di aspiranti imprenditori, ma al tempo stesso capisce che l'impresa non si crea sotto una gabbia di Faraday e assomiglia alla politica più di quanto non si voglia ammettere. Alle magnifiche sorti e progressive del bignamino startupper fa da contraltare l'acre disillusione della realtà: la legge tanto agognata che può far sbocciare l'intuizione imprenditoriale di Fronterré e dei suoi compagni di avventura continua a subire slittamenti. Il mondo delle imprese, d'altra parte, rischia e spesso non ne è nemmeno consapevole. È di pochi mesi fa la notizia che il governo francese ha abrogato la previsione – in vigore da oltre due secoli – che vietava alle donne parigine di vestirsi come gli uomini. Chissà se negli shop parigini della Levi's qualcuno pensava al secolare divieto ogni volta che alla cassa si presentava una cliente del gentil sesso? Una conferma, se ancora ce ne fosse bisogno, che il rischio regolatorio non riguarda solo business tariffari come gas, luce o autostrade. Nessuna attività economica si svolge al di fuori di un tessuto di regole, e sono ben poche le regole che a loro volta godono di fissità e stabilità nel tempo. Le regole cambiano, e il cambiamento può tradursi in benefici o problemi per il mondo aziendale. È la realtà, baby, plotoni di lobbisti che a Roma e a Bruxelles si muovono per difendere i propri interessi, spingere il domani più in là, erigere barriere all'ingresso. Non è lo spazio galileiano in cui le idee fluttuano nel vuoto inerzialmente, ma il fondale su cui si proietta anche (anatema!) il film della politica. Piccolo problema: come si spiega il celebre dictum di Rino Formica – per cui la politica è "sangue e merda" – ai kaliforniani di casa nostra?

Francesco Galietti

Francesco Galietti (1982) è il fondatore dell'osservatorio di scenaristica Policy Sonar. Già consigliere al Ministero dell'Economia ha compiuto studi formali in economia, diritto e relazioni internazionali tra Italia, Germania e Stati Uniti, e una full immersion "eretica" in geotecnologie alla californiana Singularity University. Un commentatore assiduo di dossier politico/regolatori sui media internazionali e domestici.

Ci sono molti modi di arrivare, il migliore è di non partire.
Ennio Flaiano

L'inizio

Tutto ebbe inizio una sera in pizzeria. Accompagnavo Ilaria a una cena con i suoi colleghi del Master in satelliti e piattaforme orbitanti. Si trattava di un master organizzato dal Politecnico di Torino in collaborazione con Alenia e patrocinato dalle agenzie spaziali ESA e ASI.

Fu in quell'occasione che Federico Bari, che era uno dei suoi colleghi, e che prima di quella sera avevo visto giusto un paio di volte, mi prese in disparte e mi chiese: "So che hai fatto un MBA. Avrei un'idea, un prodotto tutto da inventare e da realizzare. Sto cercando finanziatori e mi serve qualcuno che mi aiuti a costruire un business plan. Ovunque vado, tutti mi chiedono un piano di ritorno degli investimenti e il loro ammontare. Saresti in grado di farne uno?". Non ci pensai due volte. Risposi di sì.

Iniziò così una vera e propria avventura. Un'avventura umana e imprenditoriale. Un cammino straordinario, con salite e discese e che, proprio in questi giorni, sembra avere imboccato una delle sue curve peggiori.

Non si può fare una rivoluzione portando i guanti di seta.
Iosif Vissarionovič Džugašvili

La prima cosa

Per prima cosa, dopo aver accettato la proposta di Federico ed essermi fatto spiegare la sua idea, mi concentrai sull'indagine di mercato. Avevo bisogno di capire le dinamiche del settore in cui, il prodotto che Federico aveva in mente, avrebbe dovuto collocarsi.

Bisogna farsi le domande giuste. Il business è un esercizio molto preciso ed esige disciplina. È come un esercizio di ginnastica artistica, quello agli anelli ad esempio. Ogni movimento, ogni presa, ogni rotazione, tutto deve essere svolto perfettamente. Ogni imprecisione, ogni sbavatura, pur non compromettendo in linea generale in risultato, finisce con indurre i giudici a dare un punteggio inferiore. Che, continuando con la metafora, potrebbe corrispondere al fare meno ricavi attraverso le vendite.

Nei libri e nei manuali di marketing troverete tutte le domande giuste: sulla dimensione del mercato, sul numero dei competitors, sul potenziale di crescita, se ci sono prodotti sostituti e così via. Rispondendo a esse, costruirete l'analisi quantitativa del vostro business plan compilando tabelle ricche di note e commenti a piè e bordo pagina.

C'è una domanda, però, che i libri e i manuali di marketing non si fanno. Ed è questa: come mai nessuno ha già pensato a quello che vorreste fare?

Nella storia che vi sto raccontando, la domanda che i fondatori di questa startup non si sono posti abbastanza fu una variazione sul tema di quella sopra riportata e cioè: come mai il mercato di riferimento ha avuto storicamente un tasso di innovazione così basso?

Se non sviscerate le ragioni che stanno alla base del vostro potenziale e futuro business, alla fine, quelle ragioni verranno a bussare alla vostra porta.

Fatto fu che quella domanda io me la feci quando, per la prima volta, digitai sul rigo bianchissimo del motore di ricerca più usato al mondo "sistemi di contabilizzazione individuale del calore".

Come mai i tre principali competitors, che occupano, da soli, l'80% del mercato, fondano il loro business su un prodotto che è vecchio, quanto a tecnologia, di cento anni? La risposta che mi diedi però fu imprecisa e superficiale. Attribuii la loro pigrizia alla sicurezza che veniva da una sorta di patto di non belligeranza che dovevano aver condiviso tra loro, combinato con quello che, nel business, va sotto il nome di "Paradosso di Icaro". Ovvero, la sicumera dei leader di mercato, quella di avere una forza talmente smisurata da non temere nessun "nuovo entrante".

Mi sbagliavo e ce ne saremmo accorti. Purtroppo.

Tornai da Federico con una presentazione di poche tavole in cui dicevo che:

• Il mercato italiano dei prodotti per la contabilizzazione individuale del calore nell'edilizia residenziale era un mercato vergine e smisurato. Valeva quattro milioni di unità abitative. Ognuna di esse dotata in media di cinque o sei termosifoni che non aspettavano altro che di essere dotati di questi sistemi. Quelli che avrebbero permesso agli inquilini, che fino a quel momento pagavano il riscaldamento sulla base dei millesimi o metri quadrati di superficie del loro appartamento, di pagare finalmente in funzione di quanto avevano effettivamente consumato.

• In Italia erano già presenti sul mercato due dei tre principali competitors. Non c'era il terzo. Faticavano a fare grandi numeri perché, in Italia, mancava ancora una normativa che rendesse l'installazione di questi sistemi obbligatoria.

Quel mercato, di dimensione incommensurabile, si offriva ai nostri occhi di neo startupper. Dalle tavole in PowerPoint al primo foglio Excel il passo fu semplice. Moltiplicammo quel numero per una piccola percentuale, che corrispondeva alla più cautelativa ipotesi di penetrazione commerciale e poi ancora per il prezzo a termosifone ed ecco l'ordine di grandezza del fatturato che si sarebbe potuto raggiungere. Era un numero, con così tanti zeri, che Federico ed io decidemmo di far passare una settimana prima di ritornare a ragionarci.

Siccome il diavolo ha le corna e le usa a mo' di compasso, mentre noi ci sforzavamo di non pensare a quel numero, cercando di capire, semmai, dove si nascondesse la trappola dietro a quell'apparente mercato così vasto che pareva stagliarsi all'orizzonte come un eldorado, lui, il diavolo, con una zampa se ne stava appoggiato sulla mia spalla mentre con l'altra sfriculiava il mio orecchio.

E così, una mattina, proprio a quello stesso orecchio giunse la notizia che il Comune di Torino rendeva obbligatori i sistemi per la contabilizzazione individuale del calore a Torino e provincia.

La Regione, di lì a poco, si sarebbe allineata. Il diavolo ci aveva messo lo zampino, noi l'esuberanza e la spregiudicatezza. Ci presentammo davanti allo sportello di I3P, l'incubatore d'imprese innovative del Politecnico di Torino, e presentammo l'idea per candidarci a intraprendere il cosiddetto periodo di pre-incubazione. Quel periodo in cui l'idea tecnologica e imprenditoriale è passata al setaccio da una Commissione che ne valuta la potenzialità e l'ammissione della costituenda azienda all'interno dell'incubatore.

C'è una sola grande moda: la giovinezza.
Leo Longanesi

Gli incubatori d'impresa

Non importa se siete ingegneri, letterati, artisti, inventori, geome-
tri, avvocati o altro. La filologia conta pur sempre qualcosa. E se solo
uno tenesse a mente questo principio, specie quando si trova a princi-
piare qualcosa, molti errori potrebbero essere evitati.

Gli incubatori, dunque. Dove ne avete visto uno? Ovvio, in ospe-
dale. Con dentro quei neonati che da soli non ce la fanno. L'incubatore è, quindi, un sistema artificiale che supplisce laddove la natura, da
sola, non ce la fa. Questo vale anche nel caso delle imprese.

In punta di filologia va detto che mentre "incubatore" è termine
che richiama a un'idea di supplenza e di assistenza - tratto tutto italiano - in Francia questo stesso tipo di strutture va sotto il nome di
pépinières, che sta per vivaio. Nel mondo anglosassone si parla di
acceleratori, termine che richiama più all'idea del dinamismo che a
quella della spinta nel senso di aiuto.

Malgrado queste considerazioni, qui da noi, mentre nel caso dei
neonati il loro stare dentro all'incubatore è motivo di apprensione per
i genitori, nel caso degli startupper, per via del cortocircuito comuni-
cativo e mediatico sull'argomento, i genitori vanno fieri che i propri
figli così creativi, tecnologici, e intraprenditori, abbiano bisogno di
stare dentro un incubatore.

Il fatto è che quando la macchina mediatica si muove a largo spet-
tro, quando non c'è rivista di tecnologia o inserto di quotidiano che
non fa che parlare benissimo di una certa cosa, nella fattispecie degli incubatori, anche il più corroborato e forte degli spiriti critici è
destinato a soccombere. E quando una cosa diventa "figa", termine
volgarmente trasposto dalla zona più ambita del corpo femminile alla
quotidianità dell'ognicosa e del qualunquemente, tutti, anche un quotidiano con vent'anni alle spalle, finanziato fin dalle origini e per la
maggior parte del suo tempo da uno dei più ricchi imprenditori d'Italia come il Foglio, ambisce a fregiarsi di questo titolo.

Quella degli incubatori d'impresa è diventata una moda. Dalla fine
degli anni 90 in poi, è stato tutto un fiorire d'incubatori. A Torino,
Milano, Roma. Perfino a Catania e Palermo.

Se si studia con coscienza il problema della dinamica dell'innovazione, intesa, non come mero sviluppo di applicazioni web-based che vivono del traffico dei perditempo sulla rete, ma come quella capacità di inventare prodotti semplici e belli che ci cambiano la vita rendendola migliore, si scopre che esiste una correlazione tra l'esistenza in un dato territorio di grandi aziende tecnologicamente avanzate e il proliferare di startup innovative.

Andando ancora più a fondo nella ricerca, smorfiando curve e linee di tendenza, si scopre che alla correlazione precedente se ne aggiunge a un'altra. La presenza, nello stesso territorio, di atenei di eccellenza. Duri e selettivi.

Viene quindi da chiedersi che senso possa avere creare degli incubatori a Catania o Palermo dove, notoriamente, non ci sono grandi imprese ad alto contenuto tecnologico nei dintorni.

Gli incubatori d'impresa sono diventati "moda" troppo velocemente. Il problema è che, se attorno a una certa cosa si creano delle forti attese, allora capita che si scambino i fini con i mezzi. Infatti, se un incubatore è sulla bocca di tutti, se è spesso sulle pagine dei giornali, non può permettersi di tradire la fama che lo precede. E dunque, preso com'è dall'inseguire una fama che corre ancora più velocemente dei quattrini e degli investitori che dovrebbero benedire il suo successo e quello delle startup in esso incubate, l'incubatore diventa bulimico d'idee e di progetti vincenti. Se ne ubriaca al punto da vederne ovunque. Come Polifemo che scambia pecore per Proci, l'incubatore presso il quale vi rivolgerete se siete dei neo startupper, potrebbe essere il vostro primo stakeholder, parola americaneggiante, tanto cara allo spirito del tempo, che sta per portatore d'interesse.

L'incubatore, in altre parole, non gioca la partita al vostro fianco, ma da un lato del tavolo. Non contro, ma da un altro lato del tavolo. E tenetelo bene a mente: i tavoli ai quali si siedono gli startupper hanno, anno dopo anno, un numero sempre maggiore di lati. Sempre più stakeholders e, dunque, sempre più interessi a tirare la coperta dalla loro parte.

Non posso parlare male di I3P, l'incubatore delle imprese innovative del Politecnico di Torino, perché mi ci sono trovato bene. È, senz'altro, il migliore in Italia assieme al polo tecnologico di Bolzano, ammesso che – mi si consenta la battuta – quello di Bolzano si possa considerare italiano.

Se si ha una buona idea e un po' d'intraprendenza, anche se non si è dei veri imprenditori, e non si ha molto da investire, in I3P si è nel posto giusto. E quanto alle competenze tecniche, l'incubatore può contare su di un Politecnico, quello di Torino, che su diversi fronti tecnologici dice la sua a livello internazionale.

A conferma del fatto che quella degli incubatori è diventata una moda, nel 2012 a Torino fu fondato un nuovo incubatore. Nemmeno se l'Italia e il Piemonte fossero diventati di colpo la Silicon Valley.
Oggi se ne sente parlare poco. Si chiama IStarter. Mi spiegò tutto, il giorno dell'inaugurazione, Francesco Galietti, analista politico di professione, uno dei giovani italiani che hanno avuto il privilegio e il merito di essere ammessi ai corsi della Singularity University. Uno che è stato consulente dell'allora Ministro Giulio Tremonti.
Istarter è diverso da I3P, che è un ottimo incubatore – mi disse Galietti –. Ha una portata più ampia. Ha sedi in tutti gli snodi finanziari del mondo: Londra, New York, Singapore. I3P, per mandato, deve concentrarsi sulle idee del territorio piemontese. La missione di IStarter è di trasformare idee imprenditoriali promettenti in imprese di successo. La sua peculiarità è che ad animarlo sono una quarantina di soci giovanissimi supportati da un certo numero di advisor "pesanti". I giovani soci, molti dei quali sotto i trent'anni, sono freschi di studi universitari e hanno conseguito master in Italia e all'estero. Mettono la loro professionalità al servizio di altri giovani che intendono farsi imprenditori –. Ecco.
Il giorno della presentazione, ad animare il dibattito, c'era Carlo Alberto Carnevale Maffé al quale sentii dire così: – Il capitale? Il capitale non serve. E chi non ha capito il nuovo paradigma, è fuori. Nel business, per come lo interpreta IStarter, non c'è tempo per spiegare le cose a chi non le vuole capire –. Professore di strategia aziendale alla Bocconi di Milano, Maffé è un sostenitore della ricetta: m, m, m. Mercato, merito e metodo. Lui si occupa del metodo, l'imprenditore della visione. È scontato dirlo però a parole suona sempre tutto troppo facile.

La sala dello scantinato nel seminterrato della nuova sede di IStarter, scelta romantica in ossequio all'estetica della nuove avventure che si devono vestire dell'atmosfera un po' carbonara e che fa il verso al garage degli startupper americani, era piena di soci, speaker, amici, e dei rappresentanti della prima infornata d'idee da cui sarebbero state selezionate quelle che il team di IStarter avrebbe deciso di incubare per prime.

C'erano anche Carlo Pelanda e Michele Costabile, professori universitari anche loro, advisor d'importanti fondi d'investimento dai nomi dal forte simbolismo: Quadrivio e Principia. Insomma non mancavano i venerati maestri, né le giovani promesse.

E non mancava la politica. Moriondo, l'allora deus ex machina della Regione Piemonte in tema d'innovazione, nel suo intervento sostenne che la Regione in molte questioni non ha voce in capitolo perché di competenza dello Stato. E faceva l'esempio del lavoro e del cuneo fiscale. A suo dire la Regione poteva limitarsi ad ascoltare le proposte dei territori, mappare le strutture e le iniziative che intendevano promuovere azioni di sviluppo economico e cercare di assecondarle garantendo, ad esempio, che Torino e il Piemonte fossero business friendly.

Purtroppo la politica non capisce, o forse non vuole capire, che un clima business friendly si ha quando c'è certezza delle regole. E in Italia non è vero che le Regioni hanno così poche leve di governo. Purtroppo possono con le loro scelte, se prive di visione, provocare continui cambiamenti del quadro normativo di riferimento finendo con l'impedire alle aziende di programmarsi.

Federico ed io lo sperimentammo sulla nostra pelle. Infatti, l'obbligatorietà dei sistemi di contabilizzazione individuale del calore nell'edilizia residenziale, che dovevano essere obbligatori a Torino dal 2010 in conformità a una delibera regionale del 2007, ha subito tutta una serie di proroghe: dal 2010 l'obbligatorietà al 2012; dal 2012 al 2014. Recentemente dal 2014 al 2016. Proprio business friendly, non c'è che dire.

Largo al factotum della città, largo!
Il Barbiere di Siviglia

Gli startupper non hanno età

Se prendete il diagramma costituito da quattro quadranti dove sulle ascisse c'è la redditività del lavoro e sulle ordinate la quantità del lavoro, sappiate che il quadrante in cui si colloca lo startupper è quello che corrisponde alla combinazione: tanto lavoro, poca redditività. Almeno nel breve termine.

Non troverete nessuna pubblicazione da parte di un incubatore d'imprese che, in un rapporto sullo stato dell'innovazione, faccia cenno al lato in ombra della vita da startupper.

La figura dello startupper deve evocare sempre Steve Jobs e la Silicon Valley. Quando invece lo startupper è un masochista che, non sempre razionalmente, accetta di peggiorare per un periodo della sua vita, della durata a priori ignota, le condizioni salariali e la qualità della sua vita in nome di un futuro migliore. Il tutto per rispondere al suo istinto che, forse, sotto l'imbolsimento del ritmo dei consumi, è poi quello di tutti. Quello di voler fare e riuscire. Affermarsi.

Ne ho conosciuti diversi di startupper. Quelli veri, convinti. Spiccicati, nella loro estetica, agli epigoni della Silicon Valley. Quelli che parlano in tecnologichese, che hanno una App per ogni cosa che fanno. Quelli che, dopo aver avuto la testa tra le nuvole inventandosi un pezzo di futuro per tanti, adesso hanno tutti i dati della loro vita, che si confonde con quella lavorativa, dentro un cloud.

Ho conosciuto quelli che con le startup non hanno proprio nulla a che vedere. Privi di qualunque forma di propensione al rischio.

E, ancora, quelli che dello startupper hanno solo la sciatteria dell'abbigliamento, l'aria sempre un po' einsteiniana, ma che, alla prova dei fatti, conto economico alla mano, non solo non hanno mai inventato nulla, facendo di un'idea un prodotto, ma non sono stati capaci di darsi da vivere.

Di startupper, poi, ne ho conosciuti alcuni di mezza età. I migliori. Gente che viveva dello streben di voler inventare, sempre, qualcosa di nuovo: un prodotto, una ricetta per vendere meglio e con più efficacia i propri prodotti, per aggredire un nuovo mercato.

La loro età, i loro capelli argento vivissimo, i loro PowerPoint accattivanti con cui surfavano dentro i convegni dove c'erano giovani che non facevano altro che darsi un tono rigirandosi tricotillicamente i capelli per avere il sebo giusto dell'inventore, testimoniavano il loro successo. Parlavano mangiandosi le parole, perché la loro testa camminava più veloce della lingua.

Come Francesco Ardito e Guido Colombo. Due che, proprio in I3P, hanno insediato una delle tante loro iniziative. Ardito, cinquantino, con la sua capigliatura bianchissima. Altro che Steve Jobs, altro che Marc Zuckerberg, Ardito lo vedevi e ti aveva già convinto. Meglio di Giovanni Rana vicino al suo tortellino era Francesco davanti a un suo filmato che, con un algoritmo di compressione che si era inventato dentro Viaweb, arrivava ovunque in alta definizione.

Ardito lo guardavi e lui, che pareva la stilizzazione dell'Eureka, con quel suo sorriso che piegava a mo' di onda il viso, ti aveva già convinto. Nei tre minuti di un elevator pitch, spuntava da un monitor da dentro a un video che lo riprendeva in alta definizione dove finiva di raccontarti quello che ti stava spiegando di persona, surfando sulla tavola di quell'idea che sapeva comprimere i dati per renderli leggeri e veloci da trasportare.

Con Ardito, durante gli anni che passai dentro I3P, fummo scelti dalla direzione dell'incubatore per partecipare a una di quelle conferenze che sono tutta una noia mortale con un gruppo di Seed Capital e di investitori. In Italia, più propriamente detti: "Presunti tali".

Dovevamo interloquire con questi personaggi in una tavola rotonda con l'obiettivo – presunto tale anche quello – di migliorare il rapporto tra il mondo di chi ha capitali da investire e il mondo delle startup che sono sempre a caccia di risorse finanziarie.

Ci trovammo subito d'accordo con Francesco e al primo giro di tavolo, quando la parola arrivò dalle nostre parti, fu uno spettacolo – senza che ci fossimo messi d'accordo – trovare, ciascuno in forza della sua esperienza, parole che furono scomode per i malcapitati rappresentanti del capitale di rischio in Italia seduti attorno al tavolo.

Perché in Italia, quanto a risorse, funziona così: all'inizio te li danno, pochissimi, massimo cento mila euro. E ti concedono il finanziamento – se va bene – al sette, otto per cento. Poi, dopo due o tre anni – così dicono – dovrebbe intervenire lo strumento di Seed Capital. Di semi e cicoria, però, non si vede mai l'ombra. In Piemonte trovate un paio di questi fondi di Seed ma, il più delle volte, questi chiudono l'annuale esercizio contabile con gli stessi quattrini dell'anno prima. Inutilizzati. Chi li gestisce, che poi nel più classico dei casi "all'italiana" è lì da sempre, come un Papa, dedica un anno del suo lavoro in due diligence molto attente, anzi attentissime per poi non decidersi mai.

Morale della favola, la startup senza seed è costretta a cercare privati, o peggio ancora a ricorrere nuovamente alle banche. I VC, ovvero i venture capitalist, in Italia non esistono. Quei pochi che lo fanno di mestiere, con scrupolo e serietà, fanno operazioni di grande dimensione, dove l'impresa oggetto delle loro attenzioni è già una realtà consolidata che punta a raddoppiare o triplicare le sue performance. Per fare un nome: Tamburi a Milano che, tanto per capirci, è entrato in Eataly. Per dire. Altro che tecnologia. Proprio semi e cicoria.

Guido Colombo è come Ardito un cinquantino. Due baffi, a mo' di pergolato sulla bocca, fanno del suo sorriso una smorfia che racchiude tutta la sua acuta intelligenza. Colombo ha fatto da sempre lo startupper. Dentro I3P ha portato Bmooble: un sistema informatico per fare viaggiare, attraverso il web, informazioni destinate agli smartphone. Pronto per essere offerto alle più disparate applicazioni e usi. Dal turismo all'agricoltura, le sue app sono tutta un'invenzione combinativa. E lui non si chiama Colombo a caso. Ci parli e scopri che le sue idee si mescolano come le facce del cubo magico. Parli con lui, e da una parola, seduta stante, può venirne una nuova opportunità di business.

E poi ho conosciuto Danilo Ragona. Sulla sedia a rotelle per un brutto incidente d'auto, quella di Danilo è una storia che vale quanto quella di Alex Zanardi.

Danilo ha saputo ribaltare un handicap terribile in un'opportunità di lavoro e di vita. Danilo Ragona, anche lui dentro I3P, ha creato una società che idea, produce e commercializza prodotti di design studiati apposta per i disabili, in particolare una linea di sedie a rotelle molto leggere ed ergonomiche.

Lui, dal suo particolarissimo punto di osservazione, ha capito come alleggerire la vita a chi come lui deve farcela senza gambe. Ecco, dunque, la sedia a rotelle in fibra di carbonio che grazie a un design studiatissimo e accuratissimo permette di restituire a molte persone maggiore autonomia. E lui, dotato di una pervicacia non comune, ne è il primo testimonial. È lui che ti mostra come salire e scendere dall'auto. Da solo. Di come, prima di chiudere lo sportello, si possa prendere la sedia con una mano sola e, con un semplice gesto, richiuderla e riporla dietro tra il sedile anteriore e quello posteriore.

L'iniziativa di Danilo Ragona permette inoltre una riflessione. Fa capire quali sono le idee che funzionano: quelle che risolvono problemi antichi con gli strumenti nuovi e moderni, più tecnologici se volete. Sono sempre la paura, la sicurezza, l'intrattenimento, il bisogno di comunicare alla base del fatto che l'uomo è disposto a spendere i suoi quattrini. E se siete bravi imprenditori, dovete saper individuare quel nuovo strumento (prodotto o servizio) che con le forme della modernità sa rispondere all'immutabile indole dell'uomo.

Va come speri ma non sempre quello che speri è la cosa giusta

Al termine del periodo d'incubazione, la nostra iniziativa fu valutata positivamente. Quello che fanno i consulenti di I3P, durante il periodo di pre-incubazione, è provare a smontare il progetto di business, sia dal punto di vista tecnico che economico-finanziario. In questo modo, i neo imprenditori sono costretti a ripensare criticamente tutto il loro progetto.

Nel nostro caso, per via dell'elevato tasso d'innovazione del prodotto che Federico aveva in mente, fu anche richiesto il parere di due docenti del Politecnico. Il loro giudizio sulla fattibilità tecnica del prodotto fu positivo. Come si dice in gergo, però, quella tecnica è solo una gamba del tavolo. È necessario che l'iniziativa si mostri solida sotto tutti gli aspetti: la dimensione del mercato, la capacità di raggiungerlo, la difendibilità del vantaggio competitivo e, ovviamente dal punto di vista economico, di quello finanziario. Ovvero va verificato che il modello di business – la capacità di generare ricavi e profitti – sia in grado di remunerare in tempi brevi il capitale investito.

Nel nostro caso, poiché il nostro obiettivo era sviluppare una tecnologia innovativa e, da essa, realizzare un prodotto, avevamo bisogno di un investimento iniziale non trascurabile. Il piano di ritorno dell'investimento richiedeva, anche sotto l'ipotesi di una prudenziale penetrazione di mercato, la necessità di dotare sin da subito la società di un'organizzazione molto articolata con tanto di logistica, vendite e assistenza post-vendita.

In altre parole, avevamo bisogno di un partner industriale che potesse dare un contributo di carattere finanziario e, al contempo, un mercato di startup.

Se la vostra non è una web-based application, eterea e virtuale, dai bassissimi costi di investimento, ma un prodotto in carne e ossa: hardware, firmware, plastica e design; se il vostro è un prodotto da mettere a catalogo, dovete sapere che la vostra è una iniziativa paragonabile a quello che sono state le Piramidi duemila anni fa. Realizzare un prodotto, anche nella miniatura dell'elettronica, proprio per quella similitudine tutta estetica che c'è tra le piste di una piastra elettronica con le arterie di una megalopoli, equivale a costruire una città.

Occorre redigere una distinta base contenente tutte le attività d'ingegneria, di prototipazione e d'ingegnerizzazione associate a tutti i pezzi da produrre. Ciascuna foglia di questo interminabile albero va valutata in termini di tempi e di costi. Solo allora avrete un'idea di quanto effettivamente servirà alla vostra azienda per recidere il cordone ombelicale con i finanziatori. E, più in generale, con tutti i portatori d'interesse che hanno ritenuto promettente affidarvi i loro quattrini o il loro supporto.

Nel nostro caso, questa valutazione, il costo necessario per arrivare al prodotto finito e ingegnerizzato, per una corresponsabilità di tutti, fu sbagliata di tre o forse quattro volte. In difetto. Ricordatevi sempre, specie se è la prima volta che dimensionate un investimento, di raddoppiare per due i costi e di dividere per due i ricavi. Quello sarà lo scenario nel quale valutare la bontà del progetto. Se anche sotto tali ipotesi, il business plan funziona, allora vorrà dire che l'idea è robusta.

Per ogni Colombo c'è un Tolomeo

Gli errori e la fortuna

Il business, come la vita, è fatto d'imprevisti e probabilità. Come Monopoli, il gioco da tavolo. E il fatto di aver completamente sbagliato la valutazione non fu una cosa totalmente negativa. Siccome vale sempre l'adagio che da cosa nasce cosa, grazie alla sottovalutazione dell'investimento, nel giro di qualche mese riuscimmo a trovare una piccola squadra d'investitori che s'impegnarono a entrare nel capitale sociale della costituenda Ingenia S.r.l.

Fatto fu che il progetto EcoThermo, i cui contenuti riempirono un documento di circa cento pagine, fu ammesso all'incubatore e quindi al finanziamento di cento mila euro che Intesa San Paolo offriva a ogni neo impresa senza chiedere garanzie ai soci.

Il miliardo non è più quello di una volta.
Ennio Flaiano

I cavalieri bianchi non esistono

Mentre scrivo, nel ripercorrere quei giorni di euforia ed eccitazione, – perché fare lo startupper significa friggere ogni giorno – ecco passarmi davanti i nostri primi investitori.

I professori. Due bravissime persone che continuano a impegnarsi, mettendoci faccia e testa, per realizzare il sistema EcoThermo che si prefigge il non banale obiettivo di scavare un solco tecnologico – il cosiddetto vantaggio competitivo – rispetto ai concorrenti.

Marco Masoero, Professore di Fisica Tecnica, la cui agendina è un cilindro magico. Ha sempre il contatto giusto al momento opportuno.

Cosimo Greco, professore di Controlli Automatici che assieme a Federico ha sviluppato il modello matematico su cui si fonda l'algoritmo di contabilizzazione che è poi il cuore del brevetto EcoThermo.

La famiglia Bertello. Qui occorre aprire una parentesi perché, se non si spiega bene il contesto dove posizionare questa famiglia d'imprenditori, poco si capisce del tessuto socio economico di questo paese, e non si possono capire i problemi del fare innovazione in Italia.

Gli incontri con la famiglia Bertello avvennero, in principio, con Marco e la mamma. La mamma, appunto, era figlia di Bertello senior che con Enrico Mattei, già proprio lui, aveva scavato i pozzi di metano tra la Lombardia e il Piemonte. Bertello senior aveva fatto un mucchio di quattrini distribuendo prodotti petroliferi. Aveva dei pozzi di sua proprietà nel cuneese. E negli affari aveva il piglio di chi, ai capitolati, preferiva occhiate e strette di mano.

Quando lo incontrammo perché della Olicar Investimenti Immobiliari era, malgrado i novant'anni suonati, ancora Amministratore Unico, ci guardò giusto 5 minuti, poi volse lo sguardo verso la figlia e il nipote con l'aria di chi ormai ci ha rinunciato e, dietro a un sorriso che la diceva tutta, disse più o meno così: "Io non vedo l'ora di tornarmene in Costa Azzurra dalla mia badante. Questi sono due bravi ragazzi".

Col senno di poi, in quel "due bravi ragazzi", forse, c'era molto di più di quello che l'aggettivo facesse intendere. Due bravi ragazzi negli affari non sono una minaccia per gli investimenti nel bene come nel male.

Bertello senior, benché fosse l'amministratore unico della Olicar Investimenti immobiliari, aveva da tempo, se non altro per questioni anagrafiche, abdicato. In favore del figlio maschio, il quale con la Olicar S.p.A, a Bra, portava avanti il business di famiglia avendo trasformato l'azienda di distribuzione di prodotti petroliferi in una multiutility nel campo dei servizi energetici. A livello residenziale e, soprattutto, ospedaliero. Olicar S.p.A era ed è un colosso che fattura centinaia di milioni di euro l'anno.

Ovvio che per la nostra società, che si prefiggeva di vendere sistemi per la contabilizzazione individuale del calore nell'edilizia residenziale, sarebbe stata proprio la Olicar S.p.A. il soggetto giusto da cui farsi finanziare. Il perfetto partner industriale.

Fummo fortunati di nome ma non di fatto. Ci dovemmo accontentare dell'altra Olicar, consanguinea della più blasonata e ricca multiutility. Non sarebbe stata la stessa cosa, ma l'adagio era sempre quello: da cosa, chissà, sarebbe nata cosa.

Fu con questa formazione che andammo dal notaio. La ripartizione azionaria della costituenda società a responsabilità limitata fu fatta non solo per tramite d'investimenti finanziari ma anche seguendo un meccanismo di contro valorizzazione finanziaria delle energie e dell'impegno profuso sino a quel momento. Questo per fare in modo che Federico ed io, senz'arte né parte, avessimo una percentuale non liofilizzata dall'investimento finanziario della Olicar Investimenti.

Anche se non fu socio, figura chiave dell'operazione fu Giuseppe Mosca. E mi piace qui ricordarlo perché Giuseppe, purtroppo, non c'è più. Giuseppe Mosca era, all'epoca dei fatti, il Direttore Generale di EXE.gesi, società di servizi energetici di ATC, l'azienda che aveva e ha in gestione tutto il parco immobiliare delle case popolari di Torino. Fu grazie a Mosca che venne siglato un accordo, un contratto vero e proprio, in cui EXE.gesi si impegnava, una volta che il sistema EcoThermo fosse stato ingegnerizzato, ad installarne un numero variabile tra tre e cinque mila unità ogni anno. Giuseppe Mosca ci aveva aperto le porte del mercato di startup. Ci aveva aiutato a mettere, sotto il tavolo, la gamba più importante: il mercato. Quell'impegno legittimava le ipotesi utilizzate nel business plan per costruire i ricavi presunti.

L'ipotesi più delicata perché dai ricavi dipende la riuscita di ogni disegno imprenditoriale. A maggior ragione per le startup che, non avendo una storia alle spalle, devono basare i propri business plan su previsioni sempre difficili da giustificare.

I tempi per il primo vagito erano maturi. Fu così che nacque, presso lo studio del notaio Astore in Torino, Ingenia S.r.l.

Il punto è che i cavalieri bianchi non esistono. Così come non esistono quelli neri. Finanziare una startup, un qualcosa che è per sua natura gracilissimo, indipendentemente da quale sia il suo potenziale, è un investimento ad altissimo rischio. C'è il rischio tecnologico, c'è quello finanziario, quello di mercato. E c'è il rischio organizzativo, quello legato alle persone con i loro caratteri e i loro difetti.

In Italia, dove tutti pensano di essere il sale della terra, in pochissimi sono disposti a investire in attività economiche "rischiose" come le startup. Gli preferiscono il settore immobiliare. Più sicuro, più a lungo termine. E così di questa corazza di cemento il nostro paese si è fabbricato gli stivaletti che gli impediscono di muoversi alla stessa velocità degli altri.

Il primo anno

Il tipo di compagine azionaria ci lasciò particolarmente liberi di operare e di gestire la società come meglio credevamo. Fu assunto un dipendente, Daniele, tutt'oggi in forza alla società. A lui furono affiancati due stagisti. Si trattava di studenti che stavano facendo la tesi con i Professori (Cosimo e Marco). Il team di sviluppo era, pertanto, di cinque persone.

Per tutto ciò che riguardava il progetto e la realizzazione delle prime schede elettroniche, Federico poteva contare su di una società di elettronica, localizzata in Veneto, per la quale aveva lavorato anni prima.

Nel giro di un anno EcoThermo, proprio come da cronoprogramma, vide la luce se non altro dal punto di vista hardware. C'era tutto, in un formato prototipale, e quindi con scatole molto spartane che non avevano nulla a che fare con un'idea di design:

• Il cronotermostato, ovvero il dispositivo che, installato uno per ogni appartamento, permetteva a ciascun inquilino di impostare il profilo di temperatura più adatto alle proprie esigenze.

• I ponti radio per far comunicare i cronotermostati con il computer installato in centrale termica che aveva il compito di raccogliere tutte le informazioni relative al funzionamento dell'impianto di riscaldamento centralizzato e sullo stato di funzionamento del sistema EcoThermo.

• Le elettrovalvole che, una per termosifone, avrebbero sostituito le più tradizionali e comuni valvole termostatiche, comandate attraverso le direttive impartite dal cronotermostato.

In questo modo il sistema assicurava la realizzazione di un impianto di riscaldamento termoautonomo anche negli appartamenti con impianto di riscaldamento centralizzato a colonne montanti dove, da sempre, quando c'era troppo caldo in casa, si aprivano le finestre.

Mancava però tutto il software, in particolare il programma che avrebbe implementato l'algoritmo che all'interno del Dipartimento di Automatica del Politecnico di Torino stava nascendo e che avrebbe permesso sulla base delle informazioni e dei dati acquisiti dai dispositivi collegati a EcoThermo di contabilizzare la quantità di energia effettivamente consumata da ogni singola unità abitativa.

Dato che eravamo a Ottobre e, poiché avremmo potuto avere l'algoritmo pronto per gli inizi dell'anno seguente, d'accordo con Mosca, decidemmo di installare su due condomini di ATC a Collegno, a Torino il sistema EcoThermo. I condomini avrebbero potuto controllare la temperatura in casa e alla fine dell'anno, sulla base dei dati registrati, una volta in possesso dell'algoritmo, avremmo potuto procedere alla contabilizzazione con l'algoritmo innovativo.

Fu il primo rischio imprenditoriale. Lo prendemmo di comune accordo: Federico ed io. Fu la prima scelta aziendale, di quelle importanti, che sai che possono essere cruciali. In quella circostanza, senza una persona dell'onestà intellettuale e morale e della capacità manageriale di Giuseppe Mosca, l'installazione non sarebbe stata possibile.

Il mercato di sbocco, quello dei condomini di ATC, non era certamente un mercato semplice. Del mercato costituiva un segmento in cui le problematiche che caratterizzavano questo settore erano amplificate e portate alle estreme conseguenze.

Le case popolari di ATC erano in parte di proprietà di ATC stessa, in parte erano state riscattate dagli inquilini. Nelle assemblee, pertanto, se i millesimi posseduti da ATC erano preponderanti sulla quota in millesimi posseduta dagli inquilini, le decisioni finivano con l'essere prese unilateralmente da ATC. Almeno quella era la sensazione percepita dai condomini.

Molti di questi, quelli in affitto, spesso e volentieri avevano situazioni sociali ed economiche travagliate. Il tasso di morosità era molto elevato.

C'erano molti anziani che, quando gli era stato concesso l'appartamento, avevano una famiglia numerosa, ma che ora vivevano in appartamenti con sette, anche otto stanze senza che ormai i figli vivessero con loro. Con quello che ne conseguiva dal punto di vista dei costi di gestione

Burocrazia: bolli, sempre bolli, fortissimamente bolli.

M.Marchesi

Il brevetto

Mentre EcoThermo iniziava a essere utilizzato, dopo appena un anno dalla costituzione della società che l'aveva messo al mondo, Federico ed io ci occupammo della protezione della proprietà intellettuale. Per una startup innovativa, specie se si tratta di un'azienda di prodotto che presumibilmente avrà bisogno di capitali importanti per arrivare al definitivo lancio sul mercato, l'unica merce di scambio in una eventuale trattativa con potenziali investitori è la titolarità di un brevetto.

Le startup vivono di momenti di gloria e di momenti di grandi difficoltà. In generale, quando si sviluppa una nuova tecnologia, un imprevisto o un errore di progettazione, che si manifestano in fase di prototipazione, possono obbligare la società a rivedere le stime d'investimento. E poiché in molti casi, pur di iniziare, le stime d'investimento finiscono con l'essere un po' sottostimate, può capitare che sia necessario andare a bussare nuovamente alle porte di soci, delle banche, oppure alle porte di nuovi investitori.

E siccome nella maggior parte dei casi, quando c'è bisogno di quattrini vuol dire che le cose non stanno andando a gonfie vele, si rischia di dover accettare tutte le clausole imposte dalle controparti. Ecco che un brevetto, specie se fatto bene, con tutte le rivendicazioni in ordine, può diventare un'arma importante in sede negoziale.

Ottenere un brevetto, però, non è un'operazione semplice. Se non altro perché sottrae tantissimo tempo alla persona più importante per lo sviluppo: l'inventore.

Un brevetto di una qualsiasi opera d'ingegno consiste in un albero di rivendicazioni. Non esiste, infatti, nessuna nuova idea che è "nuova" in tutte le parti che la compongono. L'innovazione è definita nei documenti brevettuali proprio attraverso quelle rivendicazioni per le quali il nuovo prodotto e/o sistema supera lo stato dell'arte cui invece s'ispirano le restanti parti che lo costituiscono.

Identificare, in maniera chiara e inequivocabile, le rivendicazioni, è un processo assai lungo e tortuoso che obbliga l'inventore a ripercorrere il progetto del proprio sistema attraverso disegni e relazioni assieme al consulente dello studio brevetti. A volte, con il supporto di un legale. Io, ad esempio, che ero più l'uomo di marketing, partecipavo a molte delle riunioni, attirato com'ero proprio dagli aspetti legali. Anche perché la materia giuridica aveva una forma tutta a "S": 90-60-90.

EcoThermo è diventato un brevetto. Nazionale e internazionale. Ci sono voluti due anni e trenta mila Euro.

Il suo mantenimento, oggi, che dipende in generale dal numero di paesi nei quali s'intende proteggere la propria invenzione, costa quasi trenta mila euro l'anno. Cifra enorme specie se il brevetto non corrisponde a un prodotto che attraverso le vendite remunera un così importante impegno economico.

In guerra gli eventi importanti sono il risultato di cause banali.
Cesare

Il primo patatrac

Finita la prima stagione invernale, siamo nell'inverno 2008-2009, fu il momento di tirare per la prima volta le somme sul prodotto. E l'esito non fu quello che ci aspettavamo. Il tallone d'Achille del sistema era l'elettrovalvola. Il dispositivo che, posto su ogni termosifone, doveva aprirsi e chiudersi in funzione delle direttive dell'utente, impartite tramite il cronotermostato.

Avevamo fatto molto in fretta ad arrivare a una prima versione del sistema, ma la scelta di una valvola cablata al posto di una a batteria, comandata in radiofrequenza, aveva incontrato negli inquilini dei due stabili dove avevamo eseguito le prime due installazioni, molte più obiezioni di quanto ci aspettavamo.

La soluzione, sebbene fosse robusta e funzionale agli occhi di un ingegnere, non lo era per i condomini e, di conseguenza, non lo fu per il nostro cliente EXE.gesi / ATC che dovevano soddisfare i desiderata dei condomini da loro serviti.

Fare una valvola a batterie voleva dire studiare un problema molto complicato: quello di minimizzare l'energia associata a ogni attuazione, a ogni singola apertura e chiusura del termosifone. Esistevano già, infatti, in commercio valvole a batteria per le quali i produttori dichiaravano una vita delle batterie di cinque anni ma che nella realtà dopo appena due anni andavano sostituite perché esaurite. EcoThermo avrebbe dovuto far meglio. I cinque anni andavano rispettati.

Come ogni partita a Monopoli che si rispetti, arrivò pure l'imprevisto: Giuseppe Mosca cambiò lavoro. Lasciava EXE.gesi per andare a ricoprire il ruolo di Direttore Generale in un'altra società. Un altro gestore calore a Torino. Pochi mesi e la placenta sulla quale si era incistata la nostra iniziativa si dissolse in una terribile emorragia.

Fu allora che scoprimmo quanto può essere rilevante il ruolo della politica nella vita dei cittadini. Nel nostro caso, quanto potesse incidere su di un'attività imprenditoriale, sebbene piccola come la nostra. Io, che avevo sempre sentito parlare di lottizzazione, capii finalmente cosa volesse dire praticamente.

Il Presidente di ATC, in quegli anni, era Giorgio Ardito. Un comunista di lungo corso, come non ne fanno più. Assai coerente. Il trasferimento di Mosca non era stato casuale. Anche Ardito, infatti, lasciò ATC di lì a poco.

Qualche tempo dopo, una mattina, fummo convocati d'urgenza in EXE.gesi dove il nuovo presidente aveva delle comunicazioni per noi. Dopo averlo atteso per una mezzora nella sala riunioni che guarda alla collina Torinese e alle Alpi da un meraviglioso punto di osservazione, ecco arrivare il celtico personaggio. Chissà, direttamente dalla sorgente del Po.

Dopo un complimento da perfetto baronetto inglese alla segretaria – mancava solo la pacca sulle natiche – il Signore, con fazzoletto verde d'ordinanza, prende e fa: "Sappiate che, d'ora in avanti, non faremo più niente con voi. Non monteremo mai più nessuno dei vostri apparecchi. L'epoca di chi mi ha preceduto è finita". Ecco.

La lotta è l'origine di tutte le cose
perché la vita è tutta piena di contrasti.
Benito Mussolini

Che fare?

La situazione si era messa veramente male. Il circolante era agli sgoccioli. Ingenia si dedicava allo sviluppo del prodotto forte, ancora, di quanto raccolto al momento della costituzione. In quell'anno, 2008-2009, Ingenia avrebbe dovuto realizzare un certo numero d'installazioni così come previsto dall'accordo con ATC ed EXE.gesi. Pertanto, fino a quel momento, non si era preoccupata di avere altre fonti di reddito.

Il fatto era che il mercato di startup, per quanto accaduto in ATC, si era dissolto istantaneamente. E il riscontro dell'utenza che aveva sperimentato EcoThermo non era rassicurante dal punto di vista dei requisiti del sistema. La valvola cablata non piaceva. Il prodotto in quella versione, per quanto abbellito da soluzioni di design, avrebbe incontrato fortissime resistenze se avessimo provato ad andare sul mercato da soli. Ci trovavamo in un vicolo cieco.

"Quando pensi di essere alla fine, conviene sempre ripartire dall'inizio". Questa frase l'ho coniata quando andai per la prima volta a raccontare questa storia nell'ambito di un Master in Business Administration che si teneva tutti gli anni presso la Facoltà di Economia di Torino e che io stesso avevo frequentato alcuni anni prima.

Fu proprio così che trovammo la soluzione all'impasse in cui eravamo finiti. Ripresi in mano la presentazione della prima indagine di mercato che avevo fatto. E, nel ripercorrerla, ebbi chiaro il da farsi. L'indomani pompavo di nuovo fumo come una locomotiva a vapore e in sala riunione con Federico decidemmo come mettere in pratica la mia intuizione.

Chi è arrivato sin qua senza essersi distratto, ricorderà che il risultato della prima indagine di mercato era stato il seguente: solo due dei principali leader del mercato erano presenti in Italia. Il terzo no. Ecco, saremmo dovuti ripartire da quel punto.

Si trattava di Brunata, società danese cui peraltro, per ragioni storiche, va il merito di aver inventato il primo ripartitore di calore, il dispositivo che permette di contabilizzare l'energia rilasciata da ogni singolo termosifone sfruttando il principio dell'irraggiamento, nel lontano 1902. Quella mattina spedimmo un'email all'Export Manager di Brunata che trovammo sul sito internet.

La strategia non poteva che essere quella: diventare distributori di un prodotto sostituto, proprio di quella tecnologia che volevamo superare con EcoThermo; iniziare a costruire delle relazioni con il mercato distribuendo il prodotto sostituto facendo ricavi buoni per sostenere la società senza ricorrere a nuovo indebitamento o a un altro prestito da parte dei soci.

Cosa assai curiosa, qualche settimana dopo l'invio di quell'email ai danesi di Brunata, arrivò in ufficio una telefonata inaspettata. Era un certo Henk e telefonava da Amburgo. Era il responsabile della divisione di Ricerca e Sviluppo della Brunata Germania. Al telefono con Federico, Henk gli disse che aveva trovato il nostro riferimento su internet. Che si era studiato tutto il materiale che avevamo pubblicato sul nostro sito – il materiale all'epoca era solo in italiano - e che aveva capito che quel sistema EcoThermo era un qualcosa di molto interessante. Henk voleva venire a trovarci. Detto, fatto.

Venne a Torino la settimana successiva e trascorse un'intera giornata presso i nostri uffici. Volle che gli spiegassimo tutto su EcoThermo, questa nuova tecnologia che due giovani italiani di una piccola start up a Torino stavano provando a sviluppare per mettere fine al regno incontrastato dei ripartitori di calore. Henk, un omone dagli occhi buoni e un po' acquosi, dalla stretta di mano forte e decisa, con un inglese pacato senza alcuna inflessione germanica, ci fece i complimenti. Ci raccontò la sua storia iniziata in Brunata come magazziniere dopo aver fatto tutti i mestieri del mondo.

Henk sembrava uscito da un romanzo, tipo le avventure di Huckberry Finn. Animista, fortemente religioso, avrebbe pregato perché avessimo il meritato riconoscimento dalla vita e dal mercato. C'era del buono nella nostra idea. Se messo a punto EcoThermo avrebbe potuto veramente cambiare i giochi nel mercato della contabilizzazione. Ma attenti guys – ci disse Henk – questo mondo è molto duro. I concorrenti, e con loro la società per cui lavoro, non rimarranno a guardare. Anzi, vi daranno molto filo da torcere –.

Ovviamente chiedemmo a Henk se vedeva praticabile una cooperazione tra Brunata Germania e Ingenia. E se la sua discesa in Italia fosse in qualche modo collegata alla nostra email a Brunata Danimarca.

Henk rispose che, nonostante l'omonimia, tra i due gruppi, quello danese e quello tedesco, non c'erano ottimi rapporti. Brunata Germania operava prevalentemente nella sola Germania mentre Brunata Danimarca era molto più attiva a livello internazionale.

Gli chiedemmo inoltre se, a suo avviso, fosse praticabile l'idea di fare di Ingenia la loro filiale italiana e valutare, in funzione dello sviluppo di EcoThermo, se procedere a una sempre maggiore integrazione finanziaria e societaria tra le due aziende. Henk si mostrò meravigliato del nostro piglio così intraprendente, per certi versi, anche un po' troppo ingenuo. Avrebbe fatto rapporto alla casa madre. Conoscendo i suoi superiori, Henk era certo che non ne sarebbe venuto fuori granché. Proprio davanti alle porte girevoli dell'aeroporto di Caselle, prima di congedarci, chiedemmo quindi a Henk: – Se Brunata Germania non fa nulla, pensi che possa essere più dinamica Brunata Danimarca? –. – Si – rispose Henk. – Loro si. Ma dovrete stare ancora più attenti –.

Passarono alcune settimane senza che da Copenhagen arrivasse alcun riscontro. Poi, una mattina, che era di primavera, dissi a Federico: – È impossibile che una società danese non risponda in alcun modo. Telefoniamo –. Telefonammo, Federico riuscì a parlare con Karolina, che era l'export manager, e tutto fu svelato. L'email era finita nei meandri delle protezioni firewall di Brunata. Anche loro in qualche modo ostili al giovane e promettente sistema EcoThermo.

Nel giro di una settimana, dopo esserci scambiati reciprocamente del materiale informativo, fu fissato un incontro a Copenhagen presso la sede di Brunata. Obiettivo dell'incontro: il contratto di cooperazione Ingenia – Brunata per l'anno successivo. Eravamo sulla buona strada.

Baratterei tutta la mia tecnologia per una serata con Socrate.
Steve Jobs

A Copenhagen

Arrivammo all'aeroporto Karlstrup di Copenhagen nel primo pomeriggio. Erano i primi giorni di Maggio del 2009. Ad attenderci fuori dalle porte scorrevoli, c'erano un uomo e una donna. Lui aveva in mano un foglio che riportava la scritta "Ingenia". Era un omone di un metro e novanta. Ove Birger Larsen, il Vicepresidente della Compagnia. Lei, invece, una bionda bellissima. Talmente bella che era, lei stessa, il volto della Brunata nel mondo. La guardai bene e presi subito, dentro lo zaino, la documentazione che ci aveva mandato ed ebbi la conferma che la donna nella copertina della loro brochure istituzionale era proprio lei. Alla faccia dell'utilizzo dell'immagine femminile.

Ruppi così il ghiaccio strappandole un sorriso. Al parcheggio salimmo in macchina. Federico davanti, accanto a Ove, io dietro. Accanto a Karolina. Le cose non potevano andare meglio, da un certo punto di vista.

Il fatto è che Karolina non era certo una bambolina da copertina. Era una macchina da guerra. Parlava cinque lingue come io parlavo l'italiano. Parlava fluentemente il polacco, sua lingua nativa, il croato perché in Croazia aveva vissuto da adolescente. Il Danese. E poi, ancora l'inglese e il francese per lavoro. Non eravamo ancora arrivati in centro a Copenhagen che Karolina mi aveva rivolto una raffica di domande capaci di rovistare in tutta la mia vita sino a quel momento. Da quella privata fino agli interessi e le velleità di Ingenia. Ove stava evidentemente cercando di fare la stessa cosa con Federico davanti.

Per una mezzoretta il ritmo delle domande si smorzò. Si prodigarono per mostrarci rapidamente le bellezze della città. Ho ancora una foto, scattata da Karolina, di me e Federico con lo sfondo del teatro dell'Opera di Copenhagen firmato da Renzo Piano. Manco a dirlo. Rammenda periferie a destra e manca il Senatore. Sic!

Tappa obbligata del breve tour per la città fu il passaggio di fronte agli stipiti massicci della Maersk, la compagnia leader mondiale del trasporto di merci su mare. Era, in effetti, la società più importante di tutta la Danimarca. Io sarei rimasto certamente più colpito se Karolina e Ove mi avessero portato a vedere Rundtarn, la Torre da cui si domina tutta Copenhagen e che risale al 500, quando la città era ancora un borgo commerciale, e nei pressi della quale aveva abitato Kierkegaard, il filosofo danese più importante. I Danesi – lo imparammo presto – facevano più affari che filosofia.

Non erano ancora passate di molto le sei del pomeriggio che finimmo al Tivoli, il grandissimo Luna Park nel cuore della città. Ove e Karolina ci offrirono due corse: la prima su di un ottovolante, dove si arrivava a provare l'ebrezza di un'accelerazione di alcuni "g", e uno su di un treno che andava su e giù su una specie di montagna russa.

Sistemati a dovere, con le budella un poco a soqquadro, trovammo ristoro in uno dei tanti locali sparsi per il Tivoli dove cenammo.

Mentre noi mangiavamo, Ove e Karolina chiarirono subito il loro obiettivo. Brunata era interessata al mercato Italiano. Erano dunque disponibili a valutare l'ipotesi di darci la distribuzione dei loro prodotti. Erano molto curiosi della nostra tecnologia. Non avevano però alcuna voglia di avallarla. Anzi. Per loro sarebbe stato interessante valutare un'integrazione dei due sistemi prendendo però della parte EcoThermo solo quella complementare alla loro tecnologia ovvero quella deputata al controllo della temperatura. Non quella riguardante la contabilizzazione. Chiari, concisi ed efficaci.

Il giorno successivo fu tutto un susseguirsi d'incontri, di presentazioni reciproche e di visite ai loro laboratori, ai loro reparti produttivi.

Avevamo fatto una bella figura con le nostre presentazioni e così, la sera, ci fu annunciato da Karolina che l'indomani il Presidente, Claude Fisher, avrebbe pranzato con noi e al pomeriggio, prima di partire per Torino, avremmo sottoscritto il contratto di distribuzione per un anno.

Brunata era una società familiare. Molto simile, quanto ad antropologia, a una società italiana. Per certi versi simile perfino nelle dinamiche – quelle di familismo amorale – che caratterizzano il capitalismo nostrano.

Cinque cugini. Figli di due fratelli. Tre figli di uno e due dell'altro si dividevano l'azionariato. Claude era stato indicato dagli altri come CEO. Aveva appena ricevuto il premio come miglior imprenditore dell'anno da Ernst and Young. La sua foto campeggiava con il premio in mano nel suo studio. Claude non parlava benissimo l'inglese. Ci disse che aveva da poco, proprio grazie all'abilità di Karolina nel sapersi muovere in ogni dove, aperto una succursale in Croazia e una in Cina da cui si attendevano tantissimo visto i numeri in gioco.

Il pomeriggio, dopo aver letto e riletto tutte le clausole, con fino alla fine la paura di dimenticare o sottovalutare qualcosa, Federico ed io firmammo. Ingenia poteva iniziare a fare ricavi. Era un'ottima notizia. Eravamo di nuovo in sella.

Il mercato di servizio e non di prodotto

La trasferta nella terra di Kierkegaard e di Bohr non era servita solo per avere tra le mani il contratto di distribuzione dei prodotti Brunata che ci avrebbe reso competitivi contro i principali competitors già presenti in Italia. Avevamo compreso una caratteristica fondamentale del mercato della contabilizzazione individuale del calore. Quella di essere un mercato di servizio e non di prodotto. Ecco una di quelle cose che avrebbe potuto far cambiare l'esito di tutta questa vicenda se quest'osservazione fosse emersa in principio, durante la stesura del business plan. Vale il solito refrain del farsi le domande giuste. Ma né noi, né i consulenti di I3P, pensammo a quest'aspetto.

Chi vende il sistema di contabilizzazione non è tanto interessato ai ricavi che vengono dalla vendita della tecnologia ma dai ricavi che verranno annualmente dal canone di bollettazione. Cinque euro all'anno per termosifone. Se pensate che i big del settore hanno alcune decine di milioni di apparecchi installati, vi sarà subito chiaro di cosa stiamo parlando.

Significa che la tecnologia che permette di acquisire le informazioni sulla base delle quali è fatta la bollettazione non è altro che un pretesto. Il cavallo di Troia per erogare un servizio. Il vero core business. Ecco quindi spiegato il perché di un tasso d'innovazione così basso. Il mercato si è livellato attorno alla stabilità dei concorrenti che, forti del vantaggio di posizione, quello di avere un parco installato enorme, non hanno alcun interesse a fare una guerra sui prezzi che andrebbe a svantaggio di tutti, né tanto meno di alterare l'equilibrio che gli consente con bassi livelli di churn rate (ovvero di passaggio di clientela da un gestore all'altro) cospicui ricavi.

In Italia, però, sperare di avere un numero così elevato d'installazioni avrebbe voluto dire trovare clienti che possedevano, ciascuno, grosse fette del patrimonio immobiliare. Il mercato della contabilizzazione, così come negli altri paesi europei è un mercato a domanda mediata, con la complicazione che da noi molti dei mediatori sono amministratori di condominio. E qui ci vuole un'altra parentesi.

Homo condomini lupus
M.Marchesi

Gli amministratori di condominio

Il mercato dei sistemi di contabilizzazione individuale del calore è stagionale. Si vende d'inverno e s'installa d'estate mentre gli impianti di riscaldamento sono spenti.

Noi avevamo sottoscritto il contratto con Brunata a Maggio e, dunque, non avevamo avuto il tempo di fare attività commerciale per l'estate imminente. Il 2009 era, dal punto di vista delle vendite, almeno in parte, compromesso.

Molte assemblee di condominio, a Torino, avevano già deliberato. Rimanevano i ritardatari. Non ci perdemmo d'animo. Mi diedi da fare. Telefonate e visite. Telefonate e visite. Ininterrottamente.

Ora, uno a scuola impara a non generalizzare. Poi, però, fa visita a un certo numero di amministratori di condominio e scopre che, tolto qualcuno, (uno su dieci), tutti gli altri sono della stessa pasta. Scotta.

L'amministratore di condominio è, per definizione, il punto zero della scala sociale ed economica. È proprio il punto zero lavorativo. Quello di amministratore di condominio è il lavoro che uno finisce a fare quando proprio non ha voluto o saputo fare altro. Peggio, peggio ancora del tassista che, almeno, è stato filmicamente eletto dall'Albertone nazionale. Mellifluo, vigliacco, truffaldino, ignorante, meschino. È Edgar degli Aristogatti.

I fornitori di una qualunque cosa destinata a un condominio da loro gestito sono i "loro" fornitori e come tali devono a loro qualcosa. Tipicamente, almeno il 10% dell'importo fatturato al condominio. Condominio che, quindi, pagherà il 10% in più su ogni lavoro, su ogni fornitura. Ogni amministratore ti spiegherà poi come fare per dare loro quell'importo. Ed è un campionario d'italianità, quella di Totò che stampava i soldi. C'è quello che vuole fare le cose alla luce del sole. Con tanto di fattura per la consulenza che lui – l'amministratore – presta al fornitore. Chissà quale sia. Poi c'è quello più losco, che ti accoglie in un brutto ufficio, pied-à-terre di uno degli stabili da lui gestiti, che ti chiede di portargli i contanti. Poi c'è quello che non te lo chiede ma se lo aspetta e che dopo un certo tempo – giacché si è speso così tanto per te - ti chiama e ti chiede di riconoscergli qualcosa.

Parallelamente all'azione commerciale verso gli amministratori, provammo a raggiungere gli altri due canali commerciali che potevano condurci a bersaglio: i gestori calore e gli installatori termoidraulici.

Se è vero che la democrazia e le sue assemblee nelle sedi istituzionali ricordano spesso le riunioni di condominio, il motivo è perché, in condominio così come in politica, siamo sempre noi che ci riuniamo ma in quella veste di noi stessi dove emergono tutte le nostre frustrazioni e piccolezze. Le miserie d'ineducati alla convivenza e agli spazi comuni. Siamo noi, ma non siamo noi. Incapaci al rispetto dell'altro.

Longanesi diceva "Più i popoli si conoscono, più questi si odiano". Quanto è vero, tanto più a livello locale, anzi condominiale.

Ebbi la riprova quel pomeriggio quando mi recai in un condomino che mi aveva raggiunto attraverso il sito internet della società e che aveva richiesto un preventivo per la trasformazione dell'impianto di riscaldamento centralizzato in autonomo per il fabbricato dove viveva.

Mi aspettava dal barbiere che aveva il salone proprio di fianco al civico per cui avevo steso il preventivo. Era sull'uscio e riconobbe in me un possibile candidato alla persona che aspettava. Mi venne incontro e, una volta verificato che fossi effettivamente io, mi porse la sua mano sudata. Epifania acquosa che sintetizzò, meglio del proverbio che il buongiorno si vede dal mattino, l'esperienza che mi attendeva. Di acquoso, il Signor Zuppetta – così lo avrei ribattezzato tornando a casa – non aveva solo la mano. Intanto, anche gli occhi. Un po' fuori dalle orbite mi guardavano da dietro due occhiali che avevano una montatura un po' datata, tipo quei sicari che usavano i fucili di precisione nei film americani anni 80. La fronte spaziosa, conseguenza dall'arretramento dei capelli – tutti all'indietro e bianchissimi – probabilmente impegnati come truppe in un ripiegamento strategico, era di quelle che sarebbe diventata rossissima al primo disagio umorale.

L'accento siculo e il mazzo di chiavi agganciato al passante del pantalone chiuse con ermetica precisione, il sommario psicografico dell'interlocutore.

Mi fece visitare la centrale termica. Durante la visita e la descrizione semitecnica dei dispositivi installati, mi mise a parte di un po' di storia del fabbricato e di qualche aneddoto relativo a qualche condomino fastidioso. Ribadì – lo aveva già fatto nell'email in cui mi richie-

deva il preventivo – che lui era uno dei quattro consiglieri, che lui era
però il più tecnico ed evidentemente – anche se la considerazione era
un po' autoreferenziale – il più sveglio dei quattro.

Risposi che mi era tutto chiaro, che l'offerta che avevo portato con
me andava già bene e che se fosse stato d'accordo, gli avrei lasciato
l'offerta seduta stante.

Rimase come preso alla sprovvista da quella mia accelerazione.
Forse Zuppetta si aspettava più domande, o comunque un mio maggiore coinvolgimento. Fatto fu che, cercando di riavere tutta la mia
attenzione, mi disse che a fare un sopralluogo c'erano già stati almeno
un altro paio di fornitori. Come a dire, non pensi ingegnere che sia
tutto facile, c'è concorrenza. Io, per tutta risposta, gli ribattei con mol-
ta serenità che eravamo abituati a misurarci con altri fornitori e che
sarei stato disponibile a valutare un piccolo sconto nel caso in cui ci
fosse stato un ex aequo in assemblea, per far propendere la scelta su
di noi.

Il Sig. Zuppetta non era ancora soddisfatto e m'invitò a seguirlo
nel suo appartamento per ripercorrere assieme l'offerta prima che mi
congedassi.

"Sarò io a presentare le offerte agli altri condomini. Se non è chiaro
a me, peggio per voi" (inteso voi fornitori).

Arrivammo al quinto piano con l'ascensore, mentre lui, Zuppetta,
stava sempre a contarmela con qualche aneddoto sul fatto che sarebbe
stato opportuno definire al meglio la quota fissa di ripartizione dei
consumi perché nel palazzo c'erano molte persone anziane, con tanti
millesimi pesanti nell'assemblea, i quali, trascorrendo molto tempo in
casa, sarebbero stati penalizzati da una eventuale quota "a consumo"
troppo alta.

Zuppetta entrò in casa invitandomi a seguirlo. Appena entrai, le
mie narici furono prese d'assalto dalle teste di cuoio di broccoli appena bolliti. Si respirava un'aria di cucinato fin troppo intimo per una
visita commerciale. Ad ogni modo, feci buon viso a cattivo gioco, sa-
lutai con tutta la cortesia che mi rimaneva la moglie e la figlia e che
erano senz'altro responsabili dell'odore in casa, e veleggiai seguendo
la scia di Zuppetta che si era, intanto, seduto dietro a una scrivania.

La scrivania era vecchia e lisa dal tempo e dal basso livello di contenuti che le passavano sopra. Non era utilizzata dalla figlia – in età
scolare – ma dal solo capofamiglia che regnava tra le mura domesti-
che in forza del ruolo di economo di appartamento e di palazzo.

Esaminammo l'offerta, e Zuppetta notò che la cifra in Euro per termosifone era assolutamente più vantaggiosa rispetto alle altre che aveva ricevuto. Ora, uno pensa che nel mondo degli affari chi fa la cifra più bassa si accaparra il lavoro. E invece, no. Non è così almeno in quel mondo curioso delle forniture per l'edilizia condominiale. Infatti, Zuppetta, curiosamente, m'invitò a ripensarci e tra un colpo di tosse e l'altro mi disse: "Poi dobbiamo aggiustarci".

Ora non è che fossi sceso da Marte, però giuro che quella volta non colsi la sfumatura della raucedine ammiccante. Fu guardando la sua fronte, che intanto si era fatta rutilante, che capii a cosa alludesse.

Dato che, in generale, il ruolo dei consiglieri è proprio quello di stare col fiato sul collo dell'amministratore, proprio per impedirgli di realizzare il proprio sotto bosco di guadagni – tutti in nero – a scapito del condominio che trova poi gonfiate tutte le fatture, non potevo credere che davanti a me uno dei consiglieri – quello più sveglio – mi stesse chiedendo la cresta sulla fornitura.

Quando finalmente ci fummo chiariti, gli dissi che non avevo idea di quanto lui si aspettasse e, poiché c'erano stati già dei miei colleghi concorrenti, gli chiesi di darmi un'idea di quanto si attendesse. E lui, placidamente, mi disse che il suo obiettivo era di non spendere nulla per l'installazione dei dispositivi nel suo appartamento.

"Bene" dissi "e l'amministratore? Con lui come ci regoliamo?"
E Zuppetta, uomo di mondo, aveva ancora parole per stupirmi: "Beh, deve andare a parlare con lui".

Come dire, io comunque devo avere l'alloggio sistemato senza spendere indipendentemente da chi fa il lavoro. Ovvio che l'amministratore dovrà avere anche lui qualcosa.

Ragion per cui, tutti i fornitori avrebbero dovuto alzare le proprie offerte per avere margine da condividere con questa fitta rete di "intermediari", tutto a danno del condominio.

Avevo già scartato Zuppetta dai miei clienti. Si trattava, peraltro, di uno stabile non molto grande. Volli però divertirmi ancora un po' con il bizzarro interlocutore e gli chiesi: "Lei mi sembra sveglio, sicuramente più pratico di uno startupper come me. Mi dica dunque, come immagina dovrebbe poi avvenire dal punto di vista contabile l'operazione? Cioè, per fare in modo che lei abbia gratis la sua fornitura, come procediamo? Mettiamo nero su bianco che lo sconto sulla

fornitura non va su base millesimale ma solo in base alla spacchiosag-
gine del consigliere?"

Al che Zuppetta mi fa: "Ma no, ingegnere, la sua commercialista
sicuro lo sa come fare in questi casi. Ad ogni modo lei fattura tutto
normalmente e poi mi gira la parte corrispondente".

La fronte era tornata serena. Segno che il malcostume in questo
paese è prassi.

Lenotti e Ferraris

Proprio per i problemi connessi con questa tipologia d'intermediari, i più complicati nel mondo delle forniture per l'edilizia residenziale, dedicai molto tempo a sviluppare la nostra presenza tra i
gestori calore, società che si occupavano di fornitura, conduzione e
manutenzione delle centrali termiche per conto dei condomini. Tipicamente, i gestori calore stipulavano con i condomini un contratto
cosiddetto "servizio energia" che consisteva in una triangolazione tra
condominio, istituto di credito e gestore calore stesso.

Il gestore si occupava dell'investimento, fornendo la nuova centrale termica, e della gestione del riscaldamento per un certo numero di
anni (otto–dieci). La banca anticipava fino all'80-90% dell'ammontare
dell'investimento al gestore. Il condominio avrebbe versato un canone annuale che teneva conto della quota di energia consumata e di
quella necessaria a remunerare il gestore dell'investimento. Poiché il
gestore era incentivato a realizzare un intervento efficiente dal punto
di vista energetico, avvantaggiandosi della forbice tra i costi sostenuti
per garantire il fabbisogno energetico del condominio e i ricavi che
venivano dal canone che ogni anno il condominio versava, non sol-
tanto i tre attori coinvolti avrebbero tratto vantaggio dall'operazione,
ma tutta la collettività.

Per Ingenia, i gestori calore rappresentavano i soggetti industriali
che le avrebbero permesso di raggiungere, ciascuno, un numero elevato di stabili senza dover ricorrere a un'azione commerciale assai
capillare. Un'azione che altrimenti sarebbe stata porta a porta. Che è
l'altra faccia della medaglia nel caso di mercati vastissimi come quelli
del caffè, dell'acqua e dei biscotti.

Grazie a I3P eravamo venuti in contatto con Luciano Lenotti, una delle persone più interessanti che ho avuto la fortuna di incontrare. Luciano Lenotti era un uomo sulla sessantina con una storia che aveva incrociato alcune delle più interessanti vicende industriali italiane.

La storia è fatta di nemesi, d'incontri e di coincidenze ed è legata strettamente con luoghi e momenti particolari. Così è per la storia di Luciano Lenotti il quale, giovanissimo, assieme con Paolo Vitelli, fondò l'embrione di quella che sarebbe poi diventata Azymut Yachts in Via Di Nanni a Torino. Proprio a due passi da dove oggi sorge I3P, l'incubatore. Ecco.

Azymut Yachts, allora, appena fondata da due giovani amici che avevano appena terminato i loro studi di economia alla Facoltà di Torino, era solo un piccolo ufficio che si dedicava all'attività di brokeraggio di barche a vela. Paolo Vitelli era il figlio dell'allora presidente dei confindustriali torinesi. Il padre possedeva un importante lanificio. Paolo, però, anziché la terra ferma scelse il mare. E dopo la fase iniziale, in cui si limitava a piazzare barche a vela verso una cerchia di amici danarosi, nel giro di qualche anno iniziò a costruire un gruppo industriale vero e proprio.

Un soggetto industriale che, grazie alla sua pervicacia e abilità, realizza il sogno di fare barche in Piemonte, che non è propriamente un posto di mare. Un soggetto industriale che realizza il sogno di vendere motoryacht di grande dimensione in tutto il mondo e, con essi, un pezzo importante dell'identità italiana, quella di sognatori e navigatori.

Lenotti, dopo alcuni anni, aveva deciso di lasciare l'amico Paolo e l'Azymut per dedicarsi ad altro. Fece una carriera importante Lenotti. Fu amministratore delegato della SKF, l'azienda che, ad Airasca a pochi chilometri da Torino, costruisce cuscinetti. Prima di diventare una costola del colosso svedese, gli stabilimenti del Pinerolese che producevano cuscinetti appartenevano alla RIV e non alla Fiat come pensava erroneamente l'Avvocato. E una volta - me lo raccontò Lenotti stesso - fu proprio Lenotti a doverlo rammentare a Gianni Agnelli, in occasione del centenario di uno degli stabilimenti.

Lenotti era da alcuni anni in pensione ma non per questo aveva smesso di fare l'imprenditore. E mentre in Franciacorta coltivava vino buonissimo, dove specie d'estate si recava con uno spider con guida a destra, con tanto di occhiali da sole da fare invidia alle pellicole anni

50, quelle degli anni ruggenti de Il Sorpasso, anni che furono ruggenti per il nostro paese anche per l'industria, il PIL e i film, Lenotti si dedicava alle imprese di I3P, come consigliere particolare, con l'obiettivo di aiutare i neo imprenditori nello sviluppo della migliore strategia aziendale.

Per Ingenia il suo interessamento fu cruciale. Ci mise, infatti, in contatto con un suo amico di Milano che era proprietario di un importante gestore calore sulla piazza milanese dove, per noi, con i pochi mezzi finanziari che avevamo a disposizione per sostenere azioni commerciali su Milano, sarebbe stato impossibile arrivare.

Fu così che incontrammo il Dott. Ferraris. Ferraris era una brava persona con un unico difetto: quello di parlare troppo. Si poteva definire un incontinente con le parole. Tutti i suoi collaboratori, soci e amici lo tolleravano perché onesto in un mondo e in un contesto, quello della distribuzione di prodotti petroliferi e di servizi energetici, dove tale valore era sempre meno diffuso.

Per quella stagione non saremmo riusciti a far nulla perché Ferraris aveva già chiuso tutti i contratti con gli stabili da lui gestiti. Ma per la stagione successiva, quella 2010-2011, ci avrebbe certamente tenuto in conto come fornitore "particolare".

Ahimè che furia, Ahimè che folla!
Uno alla volta per carità!
Il Barbiere di Siviglia

Il primo ordine, evviva, ma quanto cresce la catena del valore!

Passò Luglio. Passò Agosto. E, malgrado avessimo seminato tantissimo, non riuscimmo a chiudere nessun ordine. Al ritorno da una breve parentesi estiva, la prima settimana di Settembre, il vento cambiò. Al fax di I3P, che era il fax comune a tutte le startup incubate, e che io ispezionavo ogni giorno due volte, iniziarono ad arrivare, spesso senza essere annunziati da nessuna telefonata e/o email, i fax che confermavano le nostre offerte. Arrivò un fax al giorno per sette giorni lavorativi di fila. Fu così che Ingenia, già dal 2009, appena il secondo anno dalla sua fondazione, iniziò a fatturare.

Gli ordini, che furono certamente una cosa buona, si portarono dietro, però, la necessità di mettere in moto tutta la logistica che ne conseguiva.

È un aspetto che nel business è raccontato freddamente da manuali e libri specializzati e che passa spesso sotto traccia. Quando si riceve un ordine da un cliente, in questo caso da pezzi della comunità di Torino, la prima cosa che si avverte è un senso di responsabilità nei confronti di persone che hanno deciso liberamente, soppesando costi/benefici, facce e parole, la tua società rispetto ad altre. Alle concorrenti.

Una startup, sebbene il termine fosse di moda, rimaneva una struttura piccola e gracile, fatta di pochissime persone. Ingenia non faceva eccezione. Così, quando arrivò il primo ordine, la società, che fino a quel momento si era dedicata a sviluppare un solo processo al suo interno, quello di R&D, si trovò di colpo a vedere allungarsi la catena del valore.

La catena del valore, per chi non mastica queste cose, corrisponde all'insieme dei processi aziendali che permettono a una società di fare soldi. Ingenia dovette strutturarsi, nei fatti e non solo sulla carta, a colpi di scatole e forme in un diagramma a blocchi.

Gli acquisti dovevano trasmettere le richieste alla casa madre danese, Brunata, da cui ci rifornivamo. La logistica si occupava della merce in arrivo e in partenza verso i condomini dove avrebbe dovuto essere installata dalle squadre d'installatori. C'era poi la gestione delle risorse umane perché le squadre di termoidraulici andavano in parte istruite e in parte "addomesticate" perché rappresentassero nel migliore dei modi Ingenia.

Già, perché quello che spesso si trascura quando si parla di catena del valore in modo astratto come flussi di cose, merci e di denaro, è che alla base di tutto nel business, l'energia che fa girare i quattrini, è sempre la fiducia. La reputazione. Negli affari bisogna metterci la faccia.

Quando un mercato è a domanda mediata, però, succede una cosa strana che non è semplice da capire subito quando ci si trova dentro invischiati con mille grilli per la testa. Mentre io vendevo al gestore calore o all'amministratore di condominio che mi giudicava rispetto ai suoi parametri e alle regole d'ingaggio cliente-fornitore, tipiche di un'attività business to business, l'installatore, ovvero il terzista, che per conto di Ingenia montava gli apparecchi, interagiva con il cliente finale dell'intero processo: l'inquilino. Che è poi il re di tutta la filiera. La sua soddisfazione, reciterebbe l'adagio, è la nostra soddisfazione. Dell'amministratore, del gestore calore, dell'installatore e di Ingenia.

C'era da curare quindi un aspetto importante, la forbice che poteva instaurarsi tra l'immagine che Ingenia sapeva costruirsi nella fase di negoziazione dell'offerta e quella che invece, per tramite degli installatori, si costruiva durante l'esecuzione dei lavori.

Non fu semplice e fu necessario anche ricorrere alle maniere forti per costringere i terzisti a comportarsi come volevamo.

Ovvio che poi c'era tutta la parte amministrativa di fatturazione, di gestione scorte e approvvigionamenti e di gestione del circolante. Fu, il nostro, tutto un muoversi di tacco e di punta tra fatture scadute e "riba" per stare sempre in attivo su ogni commessa.

Le caselle del diagramma che rappresentava tutte le attività che venivano svolte dentro Ingenia erano tante, ciascuna con il suo grado di complessità e d'interazione con controparti spesso assai poco malleabili. Ci occupammo di tutto noi due: Federico ed io. Daniele il nostro unico dipendente doveva continuare lo sviluppo del sistema EcoThermo. Bello fare gli startupper, no?

Dio, dammi un assegno della tua presenza.
M.Marchesi

Leoni e scimpanzé

Ci eravamo garantiti un altro anno di sopravvivenza, ma non bastava. Dovevamo capire come raddoppiare le vendite e cosa avremmo potuto fare con quel margine per EcoThermo. Purtroppo il settore aveva una marginalità che era, al netto delle creste degli intermediari, di circa il 30%. Anche facendo il massimo per due persone, anche prendendo un giovane stagista con un contratto stagionale per supportarci nella gestione del processo di vendita e coordinamento delle installazioni, anche pensando di triplicarle, non avremmo comunque fatto margini sufficienti per completare lo sviluppo di EcoThermo. Il progetto di EcoThermo andava rivisitato tenendo conto della valvola a batteria e completato dal punto di vista dell'algoritmo di contabilizzazione. Federico, che ne era il papà, che l'aveva tutto in testa, per quasi sei mesi l'anno finiva centrifugato dietro termosifoni e ripartitori presso clienti e amministratori.

Bisognava tornare alla ricerca dii investitori. Quello che dicevo a Federico era che, però, in quelle condizioni, con la società che faceva ricavi, che si stava inserendo nel mercato e che avrebbe avuto anche un cliente importante a Milano, avremmo avuto maggiore appeal verso un potenziale investitore sia che fosse stato un mero prestatore di denaro, sia che si trattasse di un partner industriale.

Il fatto è che l'Italia non è un paese per startup. Secondo la Banca d'Italia, quanto a investimenti in startup ad alta tecnologia, l'Italia è molto distante dagli altri paesi industrializzati.

Se guardiamo all'Italia e alla Silicon Valley, per dire, scopriamo che se in Italia abbiamo il 22% di laureati, in California la percentuale è del 46%. Soprattutto in discipline scientifiche e informatiche.

Se in Italia si creano circa 1.500 startup high tech (dette innovative) ogni anno e sono finanziate per circa 30 milioni di euro da circa 1.000 business angels, in Silicon Valley si creano, ogni anno, circa 15.000 startup hi-tech che sono però finanziate con circa 1 miliardo di dollari. I business angels, in America, sono circa 300.000.

Quanto ai Venture Capital, poi, in Silicon Valley questi investono per circa 24 miliardi di dollari (circa il 40% di tutti gli investimenti fatti in un anno da fondi di venture capital negli Stati Uniti). In Italia, nel 2014, solo 40 milioni di euro in circa 100 startup. E nel 2013 erano stati 80 milioni. Ecco.

Da I3P passava un po' di tutto. Ogni giorno c'era qualcuno che s'informava sulle aziende incubate ed era pronto, almeno a parole, a mettere mano al portafoglio per proprio conto o conto terzi. C'era quello che era stufo di mettere i suoi quattrini in bar e pizzerie e che voleva provare l'ebbrezza della moda startup. In ossequio allo spirito del tempo, a maggior ragione se la startup si occupava di sistemi connessi con il risparmio energetico e il rispetto dell'ambiente.

Ci sono dei meccanismi della psiche che sono imperscrutabili. C'è chi, pur di ossequiare il gregge, è pronto anche a rimetterci di suo. Tant'è.

In questo I3P si comportava bene e male al tempo stesso. Creava un mucchio d'incontri e di occasioni ma non filtrava abbastanza. Delle volte si aveva la sensazione che arrivasse un po' di tutto. Però, specie quando si è all'inizio e si ha bisogno, non si può che dare conto a tutti. Non considerare ogni occasione potrebbe essere controproducente. Gli incontri di questo tipo facevano però perdere tantissimo tempo. Si era costretti a ripetere la propria storia ogni volta e, nella maggior parte dei casi, il tutto si esauriva in uno scambio di biglietti da visita.

I peggiori però, ricordatevelo bene, sono quelli patentati. Quelli che hanno bolli e loghi altisonanti. Sono loro che vi fanno perdere più tempo. Fummo invitati come startup di prodotto assai promettente a un incontro con business angels e venture capitalist provenienti da mezza Europa a Palazzo delle Stelline a Milano. L'organizzazione che coordinava questo meeting, assolutamente italiana, dava a vedere ai giovani startupper che quella sarebbe stata un'occasione unica. E invece era un pacco, una fregatura. Nessuno dei business angels o venture capitalists sviluppò nulla con qualcuno.

In compenso non tardò a palesarsi uno dei tirapiedi degli organizzatori che ci chiedeva di compilare un documento indicando la nostra partecipazione all'evento. Inizialmente avevo giudicato la compilazione di questo documento, vista l'inutilità dell'evento stesso, una faccenda burocratica di poco conto. E, dunque, non risposi. Dopo qualche giorno però chiamò direttamente il suo superiore che con una certa malcelata arroganza mi obbligò a inviargli il documento perché fondamentale per loro per chiedere all'Europa la copertura dei costi sostenuti. Ecco spiegato uno dei tanti circhi, con tanto di leoni e scimpanzé, che ammorba il mondo del business giovanile tutto startup e creatività.

Altro che attività privata, altro che libero mercato e capitali di rischio pronti a scorrere, come fiches da casinò, sui tappeti verdi del Palazzo delle Stelline. C'era sempre pantalone, con il gessato UE, che tirava fuori sicuramente non pochi piccioli per garantire a gente che non aveva mai rischiato un euro in vita sua una rosea esistenza alle spalle delle nuove generazioni che dovevano inventare, rischiare, avere coraggio, ed essere brilliant thinker.

Poi, un giorno in I3P venne un certo Lanotte. Siccome il business è marketing e il marketing è anche naming, quando dalla Direzione di I3P mi arrivò la segnalazione che un certo ing. Lanotte era interessato ad approfondire il business plan di Ingenia, fidandomi della mia inclinazione alla filologia, ero tentato di lasciar perdere. Anche quella volta, il Diavolo ci mise lo zampino. Il Direttore di I3P mi sollecitò dicendo che dietro a Lanotte c'era la più importante azienda produttrice di sistemi di domotica residenziale italiano. E che aveva sede a Torino.

Riempimmo Lanotte di tutte le informazioni di cui ebbe bisogno, di .pdf, di .ppt e di ogni file possibile e immaginabile e tornammo alle nostre cose. Era Marzo 2010. Ed era un lunedì.

Quella settimana, che era appena iniziata con l'improvvisata di Lanotte, non era una settimana come le altre. Avremmo avuto ospiti Karolina e Ove, direttamente da Copenhagen, che volevano discutere il rinnovo del contratto di distribuzione dei prodotti Brunata per l'anno seguente.

Non passarono neanche due giorni. L'indomani, martedì sera, Lenotti ci telefonava per sapere se fossimo disponibili a un incontro presso l'azienda di Via Bologna che faceva tanta di quella domotica che il suo interesse per EcoThermo, per usare una metafora calcistica, era citofonato.

Informammo la Direzione di I3P, com'era giusto fare, e partimmo. Eravamo evidentemente emozionati. Carichi di attese. Parcheggiata l'automobile, iniziammo a renderci conto dell'enormità del fabbricato. Occupava un intero isolato. E che isolato. C'era una fabbrica, due o tre palazzine uffici, piani interrati, ammezzati, collegamenti tra una palazzina e l'altra sospesi. Era un paese. Troppo, troppo paese.

Il custode ci annunciò e fummo introdotti dentro a un labirinto di scale e passaggi attraverso porte tagliafuoco fino a una sala riunioni. Essendo società domotica anche se tutto, all'olfatto, sapeva di vecchio, era comunque domoticissimo. In particolare le luci che, per risparmiare, pardon, per ridurre le emissioni in atmosfera di gas serra, si spegnevano appena pochi minuti dopo che nel corridoio non era rilevata presenza umana. Luci che si accendevano, a colpi di bagliori stile neon anni 80, quando qualcuno si mostrava ai sensori sparpagliati lungo il soffitto.

Anche nella sala riunioni, dove la luce, una volta accesa, rimaneva accesa, c'era un neon. La donna che ci fece accomodare, con quell'eccesso di garbo che trascendeva nell'ipocrisia più cara al luogo comune sabaudo, era la segreteria particolare. Le trombe di Eustachio più profonde dell'azienda. Era sicuramente la persona più informata di tutti. Dopo il CEO, che dalle nostre parti resta sempre il padrone e che lì dove eravamo tutti chiamavano il Dottore.

Mentre aspettavamo, non potemmo non fissare alle pareti delle cornici - probabilmente d'argento - che racchiudevano cuori di stoffa colore rosso porpora. Non si capiva bene cosa fossero. Forse ex voto. Qualunque cosa fossero, erano certamente oggetti di natura religiosa. Di dubbio gusto, forse di valore, non erano proprio l'arredo di una sala riunioni, di un'azienda hi-tech. Verso la fine della sala, la parete era un'enorme porta pieghevole che faceva di una stanza riunioni grande il doppio, due sale riunioni alla bisogna. Sbirciando verso il fondo, ci accorgemmo di una parete tutta coltivata a telefoni. Quelli delle cabine telefoniche poste nella nicchia, tale e quale, come ormai si vede solo nei film di un po' di tempo fa. E poi c'erano i modelli di telefono che avevano fatto la storia del telefono. Insomma, va bene l'identità, va bene le radici, però quando sono troppe vuol dire che il terreno non è coltivato. Altro che hi-tech, altro che Schumpeter – e non è uno starnuto – c'era aria da museo, da rigattiere.

Anzi, se proprio ve lo devo dire, la cosa che più mi colpì fu notare che una collezione di telefoni d'epoca l'avevo vista, poco tempo prima, nello studio di uno dei migliori amministratori di condominio con cui mi era capitato di avere a che fare e che, se nello studio dell'amministratore, arredato con gusto minimalista, la collezione di telefoni ci stava bene, lì, in quella sala riunione no. Non ci stava proprio.

Ci guardavamo sempre più sospettosi ma, al tempo stesso, pieni di fiducia per l'indubbia opportunità che si sarebbe potuta presentare. Non fosse stato per tutti quegli ammennicoli che rimandavano alle disavventure di Fracchia e che minavano la nostra attesa.

D'un tratto, il CEO – il Dottore – entrò spedito. Un bell'uomo sulla cinquantina. La classica volpe d'argento. 5 figli – l'avremmo scoperto dopo – avuti dalla figlia del padrone, che si contendeva con l'altro genero le redini del destriero di famiglia con una storia lunga più di cinquant'anni.

Nel taschino della camicia, rigorosamente brandizzata con il logo della società, c'erano una decina di penne. Le tratto pen di tutti i colori possibili. Mentre cercavo di ricacciare l'idea di Fracchia, temendo di finire nella versione ancora più grottesca e manifatturiera del castello del Conte Dracula, iniziammo a conversare.

Il guaio di fare startup in Italia, a differenza di quanto può accadere in un qualunque altrove, è che in Italia tutti ci sentiamo furbi. Più furbi. E, dunque, quando tu piccolo e nero come Calimero – Davide – con il tuo piccolo prodotto innovativo che serbi tra le mani come un cucciolo tra due foglie, ti presenti davanti all'azienda di medio-grande dimensione, strutturata, e che ha vissuto di rendita e che rendita il monopolio delle cabine telefoniche – Golia – non hai altra possibilità che vuotare il sacco di idee sperando di solleticare l'attenzione della controparte. Un vantaggio enorme per chi, l'eventuale solito furbo, contando sulla disparità delle forze gioco, riceve idee a costo zero. Informazioni, numeri, conti e considerazioni su mercato, prodotti, concorrenti.

Il CEO riempì pagine e pagine di un blocco a quadri, di quelli con la copertina rigida. Scriveva righe di appunti in blu, altre in rosso. E chiedeva di tutto. Ragionava, provava a vedere se aveva capito. E poi di nuovo domande. A volte quelle che aveva fatto prima. A volte di nuove con cui dimostrava di non aver capito nulla.

Dato poco rassicurante, ma in linea con il profilo psicografico di questo paese smarrito e della debolezza del suo capitalismo familiare, la frase a un certo momento da lui pronunciata fu: "Io non sono un tecnico. Ho fatto studi economici pertanto del contenuto tecnologico non posso che fidarmi dei miei collaboratori".

Insomma gli altri hanno Bill Gates, Mark Zuckerberg, hanno avuto Steve Jobs e noi invece, appena una generazione dopo chi ha inventato abbiamo burocrati, finanzieri che giocano sul piatto del debolissimo tessuto industriale – a maggior ragione quello hi-tech – puntando un po' dappertutto senza che si riesca a fare massa critica su di una bella idea, semplice, che sappia piacere a tanti. Lasciando che sia Apple a diventare la nuova Olivetti. Tanto per dire.

L'incontro, che durò più di due ore, ci lasciò sfiniti. Avevamo parlato solo noi. Vuotammo tutto il sacco. Pure un'idea della cifra che avevamo in mente riguardo la valorizzazione della società. Ingenuamente, senza riflettere, il numero che veniva fuori da uno degli ultimi business plan. Temendo di aver sparato alto. O, chissà troppo in basso. Non avevamo fatto neanche una visura camerale della controparte, operazione che si sarebbe poi rivelata più complicata del previsto visto l'azienda era un conglomerata di 70, 80 aziende medie, piccole e piccolissime. Così uscimmo fuori da quell'astronave che ci aspettavamo fosse piena di ogni diavoleria elettronica e che invece ci aveva lasciato con la sensazione di essere entrati in un set cinematografico dove si ricostruiva la storia industriale del nostro paese che spesso guarda più indietro che avanti. In ossequio all'Occidente peggiore che rappresenta, il lato del globo dove tutto va tramontando.

L'indomani mattina, verso mezzogiorno, dall'altra parte del ricevitore Ove e Karolina in viva voce dall'auto che avevano preso in affitto, ci annunciavano il loro imminente ingresso a Torino. Erano atterrati a Malpensa e stavano per entrare nella tangenziale di Torino.

Andammo a recuperarli all'Hotel alla fine di Corso Regina Margherita, molto comodo essendo vicino all'omonima uscita della tangenziale. Dopo un pranzo ristoratore, tornati in ufficio, dedicammo parte del pomeriggio alla descrizione dei passi avanti fatti sul nostro sistema facendogli vedere schede, stampi, ipotesi prototipali. Facendogli visitare l'incubatore e presentandogli i referenti della struttura.

Mangiate merda, milioni di mosche non possono sbagliare.

M.Marchesi

Giovedì, quel giovedì, accadde l'incredibile.

Quel giovedì mattina, eravamo appena entrati in sala riunione con Ove e Karolina a parlare di futuro quando mi suona il cellulare. Era Lanotte, il sensale della società domoticissima che prende e mi fa: "Il Dottore verrebbe oggi da voi. La cosa ci interessa come Gruppo. Verrà, penso, con una proposta".

Ovviamente avevo lasciato la sala riunione per rispondere perché Karolina era capace di capire tutto. Pure l'italiano.

Mi siedo lanciando un'occhiata sorniona al mio socio e mi accorgo che Ove - in piedi alla lavagna - sta disegnando degli schemi a blocchi. Un po' strani.

Capii subito che non stava parlando di clausole contrattuali come avrebbe dovuto. Alla lavagna c'era lo schema di come Brunata intendeva entrare nel nostro capitale sociale. Puaff!

Dico quindi a Federico che c'è bisogno di una breve pausa per riflettere sul precipitare degli eventi. Anche perché, quando sei tu a dover andare da loro (dai Danesi) devi anticipargli i temi che vuoi discutere con una settimana di anticipo, mentre loro si permettono di non avvisarti neanche la sera prima, e non di un punto aggiuntivo rispetto l'ordine del giorno, ma del fatto che hanno deciso di comprarti. Peraltro il numero in migliaia di Euro che Ove aveva messo a fianco alla loro percentuale – ovviamente del 51% - era proprio basso.

Dopo un conciliabolo con Federico, fissiamo l'incontro con la società italiana domoticissima alla sera tra la fine della sessione pomeridiana con Ove e Karolina e la cena, sempre con loro, prevista per le 21.

Torniamo dentro e Ove (i danesi sono un po' testoni) a tutti i costi, malgrado noi avessimo chiesto di avere del tempo per prepararci a questo nuovo scenario, volle finire il suo esercizio di merger&acquisition illustrando i dettagli della loro proposta di acquisizione con tanto di business plan relativo ai primi esercizi futuri che fece davanti a noi con quel calvinismo di chi lavora con abnegazione convinto di essere nel giusto e di poter insegnare, pertanto, la creanza anche agli altri. Con una volontà di potenza ammirevole oltre che invidiabile. Lui era uno di quelli che faceva accadere le cose. Che piegava la più strenua resistenza della controparte cercando in tutti i modi di dimostrare, arrampicandosi su ogni argomentazione, che la sua proposta era la migliore possibile.

Vi tralascio i dettagli dell'incontro con il Dottore. Fu cosa velocissima. Disse: "Vi compro. Noi siamo una bella realtà. E con voi, avremo i prodotti Brunata da vendere che ci daranno un po' d'ossigeno. Io ci metto la mia rete, un po' di soldi e quando abbiamo il "nostro" sistema non ci ferma più nessuno". Candido rivive sempre. Ed è bello incontrarlo periodicamente.

Senza il calvinismo di Ove, il Dottore, disse che avrebbe messo esattamente il numero che noi avevamo chiesto la sera prima. Senza stare a contrattare, a negoziare: "Dite che vi basta quello, bene. Andata. Ovvio, è una bella cifra quindi il 51%. Fine della trasmissione. Fateci due ragionamenti e chiamatemi. Ecco il mio cellulare diretto. Sono spesso via. Oggi in Cina, domani in Brasile. Ma nei prossimi dieci giorni sono qui. Se vi decidete presto, chiudiamo".

Ovviamente con Ove e Karolina fu una cena che vi potete immaginare. Dentro al cervello c'era la confusione di un trasloco. Una sbornia di percentuali, una sfilza di scatoloni di proposte, di rischi, di cose da pesare e soppesare con il bilancino mentre tutti intorno sembravano voler andare giù diritto allo scopo con rapidità e senza troppi ragionamenti. Dopo tante ore che avevamo impiegato a spiegare tutto noi a questi signori: mercato, tecnologia esistente, tecnologie alternative, rischi, pericoli, dinamiche competitive, vision, loan ed ebitda, ecco che tutto si capovolgeva. Federico ed io, come se avessero avvelenato i nostri bicchieri di vino, i calici dell'acquisizione, ci sentivamo privi di gravità e volteggiavamo nei dubbi incapaci di arrestarci di fronte al bivio galleggiandoci intorno senza avere una base di ragionamento sensata che ci guidasse.

Per Ove e Karolina, la nostra distrazione, l'incapacità di cogliere battute e di sembrare talvolta un po' troppo eufoici, talvolta un po' appisolati dovette sembrare la conferma che la loro proposta ci era piaciuta perché, in fin dei conti, avevamo bisogno di un partner e l'avevamo trovato. Che, insomma, anche se sapevano bene che la loro era una proposta capestro, non avevamo scelta e avremmo dunque accettato.

Nel loro spirito calvinista, molto lontano all'intelligenza affilatissima di Climacus e Anticlimacus, Ove e Karolina vedevano in noi una coppia ben assortita, la cellula base su cui si reggevano le società satellite di Brunata nel mondo. Strutture snelle fatte di due, massimo tre persone. Un amministratore commerciale e un tecnico che avrebbe dovuto coordinare le squadre di terzisti installatori.

Il fatto è che per noi, l'idea di farci regimentare dentro un processo definito altrove, era una costrizione: il loro logo, la loro comunicazione, i loro standard, i loro template. In principio, ci sembrava finalmente di aver trovato l'ordine dopo quasi due anni di euforica e creativa confusione, ma, in quel momento, nell'aprirsi di fianco alla nostra testa, sopra i capelli, le nuvolette con noi dentro con tanto di camicia bianca Brunata, con l'aria sbiadita dovuta al riflettersi su di noi di quell'aria nordica di perfezione ci fece terrore. E la respingemmo. Chiedemmo a quella notte consiglio, ma invano. La mattina eravamo più confusi di prima. E così, confondendo l'etica con la morale, la correttezza con la trasparenza, vuotammo il sacco con Ove e Karolina tirando in ballo la proposta arrivata, del tutto inaspettata, dal Dottore.

E per non farci mancare nulla, dopo un piccolo briefing con Federico, mi alzai e alla lavagna provai a produrmi in un esercizio di fantastrategia aziendale dal quale, nel suo incommensurabile sbaglio, ho imparato tantissimo.

Era la soluzione del "tutti dentro". Provai a proporre a Brunata di entrare nel capitale sociale di Ingenia assieme al Dottore. Il Dottore avrebbe messo i quattrini e i suoi canali di vendita, Brunata il rigore, l'organizzazione nordica e la tecnologia.

Feci un diagramma a blocchi cercando di emulare il calvinismo convincente di Ove della sera prima. Non ci fu nulla da fare. Sospettosi e contrariati del cambio di programma, anziché essere costruttivi, dissero che sarebbe stato meglio sospendere i lavori. Che la loro proposta era quella già formulata. E che avevamo una settimana per rispondere.

Fu la settimana peggiore. Troppe opportunità.

Ecco, una delle regole d'oro per chi vuol mettersi a fare lo startupper è questa: scegli uno, al massimo due come tuoi "consigliori". Parla di ciò che ti tiene in ambasce con loro e basta. Scegli sempre tu. Possibilmente combinando i suggerimenti e le controproposte che hai ricevuto. Evita di scegliere la soluzione di qualcun altro. Foss'anche il "consigliore".

Se non vedi soluzione, né dentro te stesso, né nella sintesi che viene dalle soluzioni che ti propone chi gravita intorno a te, vuol dire che nessuna di quelle è la soluzione giusta.

Ovvio, nella maggior parte dei casi, avrai i giorni contati per riflettere, e quelle che ti si propongono sono delle vie d'uscita. Insomma, tutto gioca per spingerti a sceglierne almeno una. Tutto gioca nel convincerti che è meglio non lasciarsi sfuggire il treno che – come dice l'adagio – passa una sola volta.

E invece, ripeto, se non ti sembra una soluzione, non si fa. Punto. Non è vero che è meglio pentirsi di una cosa che si è fatta rispetto a una cosa che non si è fatta. Quello forse vale in amore, ma non negli affari, non quando sei uno startupper. Quello che si prendono è tutto te stesso.

La regola diventa d'oro solo dopo che hai fatto esperienza del non rispettarla. Facemmo tutto l'opposto noi. Sentimmo i responsabili dell'incubatore, i soci, gli amici, i parenti. Tutti coloro che avessero un poco di esperienza di vita.

Come in un sogno surreale e grottesco, quella settimana non facemmo altro che chiedere consigli a chiunque ci passasse a tiro: all'artista di strada al semaforo, al mendicante all'uscita del bar, al tramviere, alla panettiera, alla cassiera del supermercato.

Arrivò il venerdì, il giorno limite in cui i Danesi di Brunata attendevano una nostra risposta. Avevamo la testa piena di congetture peggio di Zio Petros alle prese con quella di Goldbach.

I responsabili di I3P e i soci propendevano tutti per la soluzione del Dottore. E le argomentazioni a sostegno della loro tesi non erano certo banali. Metteva più capitale. Trecento mila Euro (ne parleremo). Aveva tutto l'interesse a sviluppare EcoThermo. Non aveva un prodotto sostituto come i Danesi che, acquisendoci, avrebbero anche potuto avere il doppio fine di neutralizzare un potenziale nuovo entrante nel mercato dotato di una tecnologia innovativa.

I soci, poi, vedevano nel Dottore la soluzione migliore anche perché, mettendo più soldi, confidavano in un possibile way out con relativo capital gain.

Per Brunata non parteggiava nessuno. Federico, pieno di dubbi come non lo avevo mai visto, non era probabilmente convinto di nessuna delle due alternative perché entrambe lo obbligavano a perdere il controllo della società. Lui avrebbe preferito che fossero entrati in società sia Brunata che il Dottore senza che nessuno dei due avesse però la maggioranza.

L'aspetto del controllo della società io, erroneamente, lo trascuravo. Forse perché davo per scontato che se volevamo arrivare alla fine di un progetto così ambizioso, che drenava così tante risorse, non avevamo altra possibilità che cedere la proprietà in cambio delle risorse finanziarie necessarie a finire l'industrializzazione del sistema.

A me, però, il fatto che il Dottore avesse deciso così in fretta proprio non andava giù. Mi sembrava una scelta troppo di pancia. Una scelta troppo poco razionale, che prescindeva dagli aspetti tecnici, e in parte anche da quelli di mercato. Certo, noi gli avevamo dato molte informazioni. Ma proprio perché c'erano tanti elementi da soppesare, mi chiedevo come avesse potuto convincersi senza un passaggio con il Consiglio di Amministrazione del Gruppo, senza confrontarsi anche lui con qualche suo consigliore, sul da farsi. E quindi, anche se i Danesi apparivano più cinici, gente che se l'era studiata certamente per non fare un favore a noi, li trovavo comunque più seri e professionali.

Di fatto anch'io, però, non vedevo tra le soluzioni una che fosse ottima. E se guardavo al futuro, non riuscivo a immaginarmi in nessuno dei due scenari.

Dato che i soci propendevano per la soluzione "Dottore", e siccome il profumo di Karolina era ormai svanito dalle sale e dai corridoi di I3P, e il calvinismo di Ove stava svaporando dentro i mille ragionamenti alla Azzeccagarbugli italici, chiedemmo un parere pure alla nostra commercialista.

Anche lei era per la soluzione italiana, in ossequio alla tanto provinciale quanto mai così tanto eccellente italianità che da noi vince sempre anche quando tutto il mondo si globalizza e internazionalizza. E così, Federico ed io chiedemmo al Dottore di essere ricevuti per un nuovo consulto prima di fare la scelta definitiva.

Gli ponemmo la seguente domanda: "Siccome anche Brunata intende entrare nel nostro capitale sociale, visto e considerato l'imprevedibile concomitanza delle due proposte, non pensa che se decidiamo di farci acquisire da Lei finiremo per scontentare i Danesi e che, quindi, dovremo aspettarci una loro ritorsione, prima tra tutte l'annullamento del contratto di distribuzione dei loro prodotti? Glielo dico" continuai "perché non vorrei che lei avesse deciso così rapidamente di acquisirci più che per la promettente tecnologia che stiamo sviluppando, per avere la possibilità di vendere da subito un prodotto". Il Dottore non si scompose – non si scomponeva mai.

"L'annullino" disse "Ne troveremo un altro. Ho già messo sulle tracce di altri produttori di questi ripartitori Funelli".

"Chi?"

"Funelli".

Ecco fu l'inizio della fine. Una settimana dopo eravamo dal notaio. Il notaio amico del Dottore. E si fece tutto con gran fretta.

A firmare per la domoticissima società di Torino fu la suocera del Dottore. Una donna sui settanta, con due occhi cerulei che non ridevano mai. Non ci rivolse mai la parola. Stette in silenzio seduta al suo posto al grande tavolo della sala riunioni del Notaio dove il Dottore si muoveva come fosse in una succursale della sua azienda. Dove modificava e ristampava le copie dell'atto che tutti avremmo letto sempre troppo velocemente.

Fu così che ci trovammo, nel giro di un'oretta, con in mano due assegni uno da duecentomila euro e uno da centomila euro. Ricevuti direttamente dalle mani della suocera che al momento opportuno li tirò fuori dalla borsetta come due biglietti del tram.

Accompagnai Federico a casa e gli dissi di portarsi quello più grosso. Io mi sarei coricato mettendo sotto il cuscino l'altro. Non vedevamo l'ora di andare a versarli.

Fu l'inizio della fine. Un mese dopo facemmo la conoscenza di Funelli e con un altro personaggio di cui proprio non riesco a ricordare il nome. Scoprimmo come il Dottore fosse un Feudatario e, come tutti i Feudatari, circondato da una corte.

Funelli che nell'aspetto ricordava Bernie dei Flintstones, era un ometto di media statura, sempre rosso sulle guance e con i capelli appunto con un ciuffo che pareva prendere vento come un laser sul lago Maggiore quando soffia l'Inverna. Lui, del Dottore, non aveva stima. La sua era idolatria. A conferma della cortigianeria, la moglie di Funelli era la segretaria particolare del Dottore. Dal corporate al familismo cortigiano. Dietro l'S.p.A. e le tante S.r.l., tra le scatole cinesi, vi era sempre quell'idea tutta italiana della vanedduzza, del circondario. Del paese con la sua via Nazionale che l'attraversa stringendosi tra gli scalini padronali delle case che gli si affacciano. Proprio come nella distorsione di un quadro del pazzo di Arles.

E Funelli, che era un perito meccanico, che sentiva l'orgoglio di ogni incarico - come nel più classico degli spettacoli comici a teatro – si comportava come un attore. Meglio non poteva. Un po' cicisbeo, un po' frustrato. Un po' sempre fuori posto. Sempre un po' impacciato, un po' confuso nel dover apparire calzante al ruolo anche quando non aveva il calzare giusto. Senza le physique du rôle, divenne l'interfaccia della multinazionale della vaneduzza verso la promettente startup. Se Funelli era il gatto, l'altro, quello di cui non riesco a ricordarmi il nome, era la volpe. Personaggio molto meno semplice e molto meno decifrabile. Più beffardo e più di sostanza era. Sapeva il fatto suo. Faceva il consulente un po' qui, un po' là. E si occupava di cost controlling. Avrebbe dimensionato correttamente, non certo come me e Federico, il progetto del sistema EcoThermo dando la vera dimensione dell'investimento. La domanda è: perché non era stato attivato prima di andare dal notaio?

Fu l'inizio della fine. Non si andava proprio d'accordo né con l'uno, né con l'altro. E il risultato, consumatosi nel giro di un mese, fu questo. Brunata mandò la lettera in cui annunziava di non voler più rinnovare il contratto di distribuzione. L'altro, quello di cui non ricordo il nome, se ne uscì fuori una mattina con l'esploso del suo lavoro, la cosiddetta BOM (bill of materials) che ci fece fare BUM. L'investimento era di un milione e mezzo di Euro. Cinque volte quello stabilito da Federico che un po' annuiva e un po' si avvelenava.

Funelli, che si sentiva investito da questo nuovo ruolo di responsabilità che non voleva perdere, temeva che la dimensione dell'investimento facesse cambiare idea al Dottore ed era lì che starnazzava su possibili ottimizzazioni che avrebbero fatto diminuire i costi. Ed era sicuro che, a breve, avrebbe trovato un prodotto sostituto da vendere al posto dei ripartitori Brunata.

Il Dottore, invece, che in tutto quel mentre – sebbene aggiornato da Funelli – non si era più fatto vivo, da volpe d'argento qual era, durante una sua campagna di una settimana nelle Venezie, aveva fatto uno dei suoi colpacci. Aveva messo gli occhi su di un'altra startup che sviluppava un prodotto sostituto del ripartitore che aveva le stesse ambizioni di EcoThermo. E, manco a dirlo, l'aveva acquistata. Si trattava di un'azienda di tre dipendenti che aveva sviluppato un sistema per la contabilizzazione individuale del calore basata sulla tecnologia "gradi giorno". Una metodologia molto poco accurata. Esteticamente, però, somigliava molto a EcoThermo.

Intanto il Comune di Torino, con l'avvicinarsi del termine di obbligatorietà di questi sistemi – correva l'anno 2010 – si prodigò per fare l'Italia più Italia. Posticipò di due anni il termine dell'obbligatorietà. Con buona pace del mercato che si stava attrezzando, con buona pace degli operatori che avevano già portato avanti per tutto l'inverno le trattative con inquilini e amministratori. Con la confusione e il disorientamento degli inquilini che, però, da buoni italiani chiosavano secondo l'adagio: questi sistemi non si metteranno mai.

Uno in questi casi che fa? Come si viene a capo di un paese dove la leva normativa come strumento di creazione di mercati è stata esautorata di ogni autorevolezza? Esautorata dalle mille proroghe e dalle mille deroghe?

Ci s'indigna e si scrive ai media. A La Stampa ad esempio. Quale fu la risposta? La Stampa di Torino, per settimane, prima della proroga si era proprio sbizzarrita nel contribuire a consolidare l'opinione diffusa rispetto a questi sistemi – molto negativa – dando voce nello spazio "Specchio dei tempi" alle lettere di sfogo di eminenti condomini. Si trattava della temibile, quanto fantozziana, vox populi. C'erano i condomini preoccupati per la spesa da affrontare, c'erano quelli che li avevano già installati. Tutti, comunque, testimonial in negativo del loro funzionamento. C'erano gli anziani che si dovevano strappare il pane di bocca per sostenere l'investimento. Mai in pagina finì un intervento di qualche addetto ai lavori. Di un termotecnico con un parere terzo, oggettivo. Mai.

Insomma, come fu, come non fu, nel giro di un mese ci ritrovammo con un pugno di mosche in mano. Non avevamo più i ripartitori Brunata da vendere. Anzi, Brunata avrebbe continuato a venderli per conto suo, attraverso la filiale appena aperta a Milano. Non eravamo più sostenuti da chi ci aveva comprato perché il Dottore si era invaghito di un'altra società pur di raggiungere il suo scopo di vendere prima possibile in questo promettente mercato sebbene azzoppato dal mal d'Italia.

Federico decise di continuare a testa bassa nello sviluppo del sistema. Senza investimenti con il lavoro suo, quello di Daniele e quello di Mario, la persona che avevamo assunto all'indomani dell'acquisizione da parte del Dottore.

Io mi guadagnavo da vivere seguendo le sorti di un'altra startup –

nata nel 2008 – che si stava lentamente stabilizzandosi. Per fortuna.

Avevo capito, proprio in quel momento, che in Ingenia non ci sarebbero state più possibilità. Anche perché il mercato che avrebbe dovuto aggredire, oltre ai disastri della politica, tutta deroghe e proroghe, era per sua natura troppo complicato. Troppe stecche da riconoscere agli amministratori, troppa leopardizzazione dovuta ai clienti sparsi ovunque geograficamente. Un mercato per il quale era quasi impossibile fare programmazione, gestire un magazzino. Dove per ogni installazione bisognava fare i conti con le terze parti che erano bestie selvatiche disallineate quanto a obiettivi, stile, immagine e moralità.

Come se tutto ciò non bastasse, Giuseppe Mosca, che era stata la persona, esterna a Ingenia, che per prima aveva creduto nel nostro progetto permettendoci di partire, muore improvvisamente per un malore.

Non avevamo più contatti con lui da quando non lavorava più per l'ATC, ma quel fatto, la sua scomparsa così repentina, così ingiusta e prematura, ebbe un valore che andava oltre.

Il business è così – direbbero gli anglosassoni – deve reggere gli urti e sopravvivere alle persone. Anche a quelle cruciali. Altrimenti vuol dire che è troppo soggettivo, troppo personale. Vuol dire che non è business.

Provammo a ripetercelo anche noi. E devo dire che in questo Federico aveva più grinta. Più lucidità.

Si vis pacem para bellum, si vis bellum para culum.
M. Marchesi

Due volte nella polvere e due volte sull'altar

Federico, per prima cosa, voleva riprendersi il controllo della società. Secondo, a testa bassa, iniziò a dedicarsi alla preparazione della domanda di accesso a un finanziamento europeo con il supporto di una società di consulenza di Roma specializzata nella preparazione di domande di finanziamento comunitarie che vantava una percentuale di successo del 90%.

Il 2011 non fu positivo però. Il Dottore non intendeva cedere la maggioranza e, assai democristianamente, di fronte alle nostre richieste, proponeva una soluzione di comodo. Fare di EcoThermo e del sistema dell'altra società che aveva acquistato d'impulso, un unico prodotto che avesse il meglio dell'uno e dell'altro. La classica visione dello chef che miscela i prodotti pensando ai componenti di un sistema tecnologico come agli ingredienti di una ricetta di cucina.

Ovviamente questa proposta andò nella direzione di divaricare ulteriormente le posizioni. Quando a inizio 2012 arrivò l'esito positivo dall'UE, che EcoThermo sarebbe stato finanziato nell'ambito del settimo programma quadro, sembrò che finalmente all'orizzonte, fosse tornata a far capolino la luce.

A quel punto, Federico mise pressione al Dottore. Andammo in riunione, forti del bando acquisito, chiedendo di co-investire per un importo che fosse almeno la metà di quello ottenuto dal bando (circa un milione e duecentomila euro) in modo da velocizzare l'arrivo sul mercato. La risposta fu negativa. Allora gli chiedemmo di scendere sotto la maggioranza perché non volevamo che, arrivati al traguardo con le nostre sole forze, il prodotto fosse, di fatto, sotto il suo controllo. E così fu. Segno dell'assoluta indifferenza o forse della certezza che non saremmo stati capaci di farcela. Neanche col finanziamento.

Il Bando ci rimise in sesto sotto tanti altri punti di vista. Quando sei una startup, infatti, tutto deve andare a meraviglia. Lo spirito del tempo, soprattutto quello mediatico, è antigufista. Non puoi essere uno startupper e avere problemi della quarta settimana. Non puoi essere uno startupper hi-tech e lamentarti perché non hai tempo per andare al cinema o a teatro. Perché non ti dedichi alla tua famiglia. Saresti obsoleto, analogico. Hardcover. Lo startupper, tranne che non trova grandi finanziatori, tranne che non inventa roba digitale, se si dedica a un prodotto/sistema complicato nella maggior parte dei casi fa la vita da sfigato. E questo non è buona cosa dirlo in giro. Farlo sapere. La startup deve fare il "botto". E la comunicazione che la riguarda deve essere sempre smart, brillante, positiva. Sempre in crescita, sempre in ascesa. Sempre in palla. Sempre ok.

Ingenia, per quasi un anno, aveva dovuto rimanere zitta, con due piedi in una scarpa. Ed era diventata vecchia. Perché una startup, che non è ancora entrata nel mercato dopo sei o sette anni, è come se fosse entrata in menopausa. Andare di nuovo sui media si poteva a fare solo a patto di avere, non buone, buonissime notizie da comunicare.

Con il bando Europeo abbiamo potuto assumere altre tre persone. Con contratti a tempo determinato finanziando delle borse di studio di ricercatori del Politecnico di Torino. Insomma EcoThermo era ancora vivo e dava da vivere.

E, forse, vale sempre l'adagio secondo cui non importa il dove si va, ma il viaggio. Perché, indipendentemente dall'esito del progetto, Ingenia stava assolvendo il suo compito primario: quello di cercare di raggiungere un obiettivo ambizioso; di superare un gap tecnologico in un mercato maturo e restio al cambiamento, dando lavoro a un team di ricercatori.

Ogni due anni, una crisi. Ogni due anni sempre sul punto di chiuderla. Ogni volta Ingenia si è tirata su, creando sapere codificato; contribuendo a far arrivare risorse finanziarie verso l'Università, verso l'istituto Metrologico Primario INRIM. Creando un indotto di attenzione e di lavoro a Torino.

Chi fa nen l'à nen.
Proverbio torinese

Profumo e il sistema Torino

E poi provammo pure con Profumo. Già, l'ex ministro del Governo Monti, ex rettore del Politecnico di Torino ora Presidente di Iren, la super multiutility dell'energia che ha in Torino la città più teleriscaldata d'Italia.

Profumo è uno che ha una grande visione e gioca sempre al rialzo. Pensa una cosa, la mette in pista e sopra quella cosa si mette per guardare ancora più lontano. Così, continuamente.

Di lui dicono che a Roma, al Ministero, portò aria nuova. E un poco di morigeratezza, pure. Il Ministero dell'Istruzione, come tutti i ministeri che si rispettano, nella capitale, ha un suo ristorante dedicato. Un privilegio che il Ministro può decidere di condividere con chi vuole. Per incontri istituzionali e privati. L'anedottistica racconta che Profumo, quanto a cibo e commensali, l'abbia utilizzato con una tale parsimonia per numero e quantità, da meravigliare il personale uso alla trasfigurazione delle letture trimalcioniche. Tant'è. La stagione ottima degli ottimati, selezionati da Monti negli apici dei tetraedri delle carriere universitarie, è stata portata via da un cagnetto e dalla febbriciattola del potere che sale in testa come il vino bianco con le bolle.

Da Profumo, dunque. Un po' per via dei miei soliti fantascenari di sistema, e certamente grazie a Marco Masoero che riuscì a farci ricevere.

Il mio ragionamento era il seguente:

Profumo era stato rettore del Politecnico proprio quando I3P, l'incubatore, aveva iniziato a registrare i primi importanti risultati. Risultati che erano, in parte, anche frutto di quella logica di sistema con cui Profumo puntava ad attrarre attorno all'ateneo i capitali d'imprese tecnologiche importanti per creare un sistema articolato che producesse e richiedesse continuamente innovazione. Ci dovevano essere, nell'area delle vecchie O.G.R. (Officine Grandi Riparazioni), tutti i settori trainanti della tecnologia: l'automotive, l'energia, lo spazio; una sorta di metodo Solera (quello del vino marsala) applicato all'innovazione e alla tecnologia. I due treni lì davanti a farne la sintesi nella rotonda dove muore Corso Stati Uniti. La vecchia locomotiva a vapore e il Frecciarossa. Il nonno e il nipote. Quattrini e idee. Doveva innescarsi un meccanismo virtuoso di creazione continua di bisogni e di stimoli. Profumo, dunque.

Iren era, di fatto, il più grande gestore calore di Torino. Portava il riscaldamento a più di metà della città. Era il provider di servizi energetici per fabbricati dell'edilizia residenziale ma anche per buona parte degli edifici comunali, ad esempio le scuole. Poteva essere un interlocutore privilegiato. Il miglior cliente a Torino.

Iren – lo avevamo saputo da Marco Masoero – stava ragionando su come strutturarsi internamente per creare una divisione specializzata nella fornitura di prodotti e servizi verso i condomini: dalla domotica alla manutenzione. Un pacchetto di servizi per completare il cosiddetto ultimo miglio. Quel mondo che dalla sottostazione del teleriscaldamento arrivava fin dentro le case degli inquilini, in ciascun appartamento, e che fino a quel momento era stato considerato fuori dagli affari di Iren.

A Ingenia serviva un mercato di startup. Quello che, con l'avvicendamento alla guida di ATC, avevamo visto dissolversi. Quel mercato che avrebbe costituito la base per la solidità dei business plan. Serviva un cliente "amico" che desse a Ingenia la disponibilità per fare delle sperimentazioni di EcoThermo su dei contesti condominiali "reali".

Fin qui il ragionamento, ma c'era un problema. A Ingenia servivano anche quattrini. Ingenia aveva il problema della quarta settimana. E su questo punto cosa si poteva chiedere a Iren? Cosa si poteva chiedere a Profumo?

Fu qui che entrò in gioco la mia fantastrategia aziendale. Sopravvalutando la mia visione, sopravvalutando la disponibilità che avremmo potuto ricevere da Profumo e, più in generale, dal cosiddetto sistema Torino, pensai che Ingenia potesse collassare, come un elettrone verso il nucleo. Dentro Iren.
Proprio per via del fatto che Iren aveva nei suoi piani quello di costituire al suo interno una divisione specializzata in prodotti e servizi, pensai per la prima volta a Ingenia non più come a un'entità au-

tonoma, ma a una somma di know-how, persone, un portafogli di esperienze e di competenze che avrebbe potuto innervare la nascente divisione di Iren.

Più ci pensavo più mi convincevo che, facendo confluire tutto il buono di Ingenia dentro Iren, incluso il brevetto, avremmo posto le basi per finalizzare il sistema EcoThermo, salvaguardando il capitale intellettuale, i posti di lavoro dei giovani ricercatori che erano coinvolti. In fondo, anche le supernove esplodono.

Profumo ci ricevette alle otto di un mattino che non era né carne né pesce. Un mattino grigio ma non troppo grigio. Dall'ultimo piano del quartier generale di Iren, in Corso Svizzera a Torino, si vedeva lontano. Fino alle Alpi.

Profumo arrivò puntualissimo. E ascoltò tutto. Lo stato dell'arte, le prospettive, le persone, la storia. Tutto. E ascoltò pure la fantaproposta.

Con la sua consueta pacatezza, rispose che vedeva del buono nel progetto e che lo trovava promettente. Per parte sua c'era, quindi, la massima disponibilità per individuare uno o più siti dove fare della sperimentazione. Anzi, poiché Iren stava partecipando a dei bandi nazionali ed europei per finanziare alcuni interventi di riqualificazione presso alcune strutture di edilizia scolastica, Ingenia avrebbe, a suo avviso, dovuto far parte del team con Iren in modo da poter beneficiare di una parte del finanziamento. Più parlava, più gli venivano in mente incroci e possibilità. Tutto tranne quell'idea che era venuta in mente a me, di dissolvere Ingenia dentro Iren. Su quel punto Profumo fu categorico: "È impossibile"

A quel punto Federico, per giustificare il mio fantascenario, fece notare l'urgenza delle difficoltà finanziarie di Ingenia. E Profumo, senza scomporsi, ci suggerì un paio di fondi di investimento a cui chiedere il sostegno finanziario tenendo disgiunto il fatto economico da quello finanziario.

L'incontro con Profumo fu un'altra tappa di questo viaggio. Gran stile quello di Profumo. Visione, pacatezza e concretezza. Fare affari, inventare cose nuove, però, richiede anche un pizzico di fortuna. E con la fortuna Ingenia pareva non riuscire a incontrarsi mai.

Un'idea è al tramonto quando non trova più nessuno
capace di difenderla
Benito Mussolini

Epilogo?

In queste settimane, mentre scrivo per fissare nella memoria un pezzo di vita, i soci di Ingenia si sono ritrovati dal notaio Smirne in Corso Stati Uniti a Torino per deliberare la messa in liquidazione della società.

Un atto necessario perché, nonostante gli sforzi di Federico per trovare un nuovo investitore, nonostante gli interessamenti venuti da più parti, non si è trovato nessuno disponibile a entrare nel capitale sociale di Ingenia con nuove risorse per colmare le perdite e puntare al completamento dell'industrializzazione di EcoThermo.

La storia di Ingenia è troppo pesante. A leggerne la visura camerale, sembra di leggere la storia del pianeta attraverso gli strati della crosta terrestre.

Nessun investitore mette quattrini dentro una scatola con una storia così complicata. Ci vorrebbe una NewCo, con tutto quello che ne deriva. A partire dal rischio di perdere il brevetto.

Ingenia è arrivata sin qui stremata. Ha impegnato gli ultimi due anni di attività terminando la progettazione e la prototipazione di tutti i componenti del sistema senza riuscire, però, a terminarne l'industrializzazione. E l'ha potuto fare grazie ai fondi europei del settimo programma quadro. Il bando che Ingenia si è aggiudicato, purtroppo, aveva dal punto di vista contabile una caratteristica molto particolare. Quella di non riconoscere dei quattrini al soggetto capofila del consorzio. Ingenia aveva ricevuto dei fondi perché li smistasse tra gli altri soggetti costituenti il consorzio: società italiane e straniere, istituti di ricerca italiani e stranieri. Sarebbero stati questi ultimi i soggetti che, per conto e sotto il coordinamento progettuale di Ingenia, avrebbero sviluppato le varie parti del sistema. Il fatto è che, in questo modo, per due anni Ingenia ha dovuto sostenere la sua struttura che coordinava il lavoro degli altri membri del consorzio. Indebitandosi.

Agli occhi di un investitore, tecnicismi contabili a parte, al netto di tutti i dettagli, Ingenia era ancora una volta senza nulla da vendere con un debito da fronteggiare e senza alcun appeal per nuovi potenziali investitori. Lo stesso punto in cui, ciclicamente, finiva sempre col trovarsi.

È assai curioso che, proprio in questi stessi giorni in cui il cammino di Ingenia sembra aver imboccato la sua curva più triste, Massimo Mondardini il patron di Urmet si è spento improvvisamente. Già, la Urmet, il gruppo guidato dal Dottore di cui è già stato detto tutto.

Massimo Mondardini era il figlio del fondatore dell'Ufficio Riparazioni Macchine Elettriche e Telefoniche sito in Via Madama Cristina a Torino. Fu lui che nel dopoguerra, negli anni 60, sviluppò la Urmet al punto di farne un gruppo industriale capace di entrare in alcune delle più danarose partite finanziarie del capitalismo italiano. Depositò qualcosa come quaranta brevetti e seppe fare quattrini.

Come dice bene Funelli: "Il vecchio sapeva fare le domande giuste e dopo quattro o cinque delle sue domande, era sul pezzo". Tant'è.

La mezza risposta a una domanda fa nascere
due nuove domande.
Proverbio bulgaro

I am between a rock and a hard place
Icko Rachev

Forse non tutto è perduto

Forse non tutto è perduto perché, giusto l'indomani della messa in liquidazione della società, grazie alla tenacia di Federico, pare profilarsi una via di uscita. La pista bulgara.

Icko Rachev è il titolare di Nelbo, società leader nella contabilizzazione individuale del calore in Bulgaria con sede a Sofia. Dal suo punto di osservazione Icko guarda al business con l'occhio di chi sta a Costantinopoli e non a Bisanzio. Icko ha visto in EcoThermo un'opportunità. È interessato alla tecnologia che una piccola startup italiana sta sviluppando a Torino e che può rivoluzionare il mercato mondiale della contabilizzazione, oggi nelle mani dei leader tedeschi e danesi.

Icko guarda al mondo dal suo centro di pressione, quello della teoria di Mackinder. Se parli con Icko, lui che ha un'orografia cranica littoria, ti pianta due occhi dentro i tuoi e ti dice e ripete fino allo sfinimento: "Dammi EcoThermo che funziona e io vendo, vendo e vendo. Prima in Bulgaria, poi in Russia e Turchia". Fa una pausa e poi, strizzando l'occhio mentre le labbra per metà sorridono, aggiunge quasi per farti contento: "Tu, se vuoi, lo puoi vendere anche in Italia".

La scala delle forze in gioco negli affari è tutta lì. Russia e Turchia sono, quanto a dimensione geografica e geopolitica, mezzo mondo. E dalla Bulgaria parlare a Russi e Turchi è come parlare a vicini di casa. L'Italia, che noi pensiamo il centro del mondo, per via di com'è fatto il planisfero, è un mercato del tutto periferico. Ben venga Icko e il suo punto di vista bulgaro allora. Benvenuto Icko che è euroasiatico.

La lingua degli affari è trasversale alle culture. Il mondo del commercio, come quello della natura, sta dentro il DNA della specie umana. È un qualcosa a priori. Come il corteggiamento, la seduzione e l'accoppiamento nel loro biologico ripetersi, così sono gli incontri, la distribuzione, le politiche di prezzo e le relazioni commerciali. Tutto un gioco di sguardi, di fiducia. Occorre annusarsi e poi, ovvio, applicare il raziocinio ai numeri e alle tabelle. Alla fine, però, dentro una stretta di mano si hanno le sensazioni che muovono quella stessa mano per fare, di un ghirigoro sovrappensiero, una firma.

Icko ha chiesto tutto quello che c'era da chiedere a Federico. E via email ci sono state tutte le incomprensioni possibili. Perché Icko ha voluto capire perfettamente a che punto fosse il prodotto. Ha voluto avere un riscontro sullo stato di avanzamento del progetto. Di ogni singolo componente elettronico.

Federico non se l'è fatto dire due volte ed è volato a Sofia per incontrare Icko. Perché quella di Icko potrebbe essere veramente l'ultima occasione.

E non si possono vendere tutti gli assets della società e chiudere bottega senza guardare le carte di questa ultima mano. Dopo la visita a Sofia, altri scambi via posta elettronica. Il punto della questione è che Icko ha capito che Ingenia ha ancora bisogno di quattrini per terminare l'industrializzazione del sistema e per testarlo sul campo. Con condomini "reali", non solo in laboratorio.

Icko ha capito che se Ingenia chiude per via del debito che ha accumulato, il mantenimento del brevetto, e dunque della proprietà intellettuale, è in pericolo. E Icko sa che dietro quel brevetto c'è un'importante e promettente opportunità di business che rischia di finire svenduta come può succedere nel corso di una procedura fallimentare.

Ciononostante non è disponibile ad accollarsi il debito di una storia. Una storia troppo lunga per una startup. Già, perché la storia di una startup è un integrale di cui interessa l'energia positiva (il brevetto, il know-how, i prototipi pronti e testati), ma non la parte negativa di quell'area che sta nel semipiano sotto l'asse delle x: i debiti.

I debiti, già. Il frutto di scelte sofferte, il risultato di quel coraggio con cui si è fatto il passo più lungo della gamba per volercela fare a tutti i costi.

Il problema è che Ingenia deve trovare delle risorse per fare ancora un pezzo di strada, l'ultimo miglio nel quale nessuno vuole accompagnarla. Nessun fondo istituzionale, nessuna banca. Nessun rappresentante del capitale di rischio. Nemmeno Icko il quale, però, si è impegnato con una lettera d'intenti a convertire con EcoThermo il parco immobiliare da lui gestito in Bulgaria. Qualcosa come alcune centinaia di migliaia di termosifoni. Icko si è detto disposto a venire in Italia per conoscere gli altri soci e tutti i portatori d'interesse di Ingenia.

Forti della lettera di Icko, abbiamo provato a sentire ancora una volta il Dottore. Lui ha ovviamente drizzato le orecchie di fronte alla dimensione di siffatto mercato potenziale. Peraltro in un paese, la Bulgaria, che è una porta per nuovi mercati e opportunità. L'istante dopo, quella fiammella che avevamo visto accendersi, deve aver fatto cortocircuito. E, infatti, il Dottore è tornato alle metafore: che i ripartitori sono la 500, che IperThermo, il sistema alternativo al nostro e che aveva deciso di acquistare appena un mese dopo aver fatto l'investimento in Ingenia e il cui nome è la rappresentazione di come di EcoThermo ha perfino cannibalizzato il nome, è la Giulietta. Che EcoThermo è la Ferrari. E che quindi, se questi "bulgari" dovessero confermare il loro interesse, gli si potrebbe proporre di vendere da subito Iperthermo e poi, quando la Ferrari è pronta, anche EcoThermo. Che se può servire lui è disponibile a essere presente alle riunioni col "bulgaro". Quanto a investimenti, niente. Non se la sente.

Icko se n'è venuto in Italia. Assieme a Kristian Spassov, titolare di una società d'ingegneria specializzata nell'efficienza energetica che con Icko fa affari, a suo agio con l'inglese più di quanto non lo fosse Icko.

E così questa storia, che è affari e vita assieme, continua a svelare e svelarsi per la sua autenticità. Per dire degli uomini e di quanto sia facile e difficile al tempo stesso fare affari.

Eccoci di nuovo, Federico ed io, come quella volta con Karolina e Ove, come quell'altra con Funelli e quel tale di cui non ricordo mai il nome, ora di fronte a Icko e Kristian dentro la sala riunioni di Ingenia. Alla lavagna: a disegnare scatole, percentuali, modelli di business e di distribuzione. A rispondere a domande e a farne. A fermarci, per parlare a coppie - ciascuna coppia nella propria lingua madre - per cercare, nell'autarchia lessicale, la chiarezza e la privacy prima di negoziare, contrattare, osservare, criticare, e chiarirsi con la controparte.

E poi a fare di tanto in tanto una battuta, sforzandosi di trovare il registro dell'ironia nella lingua comune, che non è la propria, per alleggerire l'atmosfera e poter arrivare, anche se sfiniti, a un punto d'incontro.

Questo è il business bellezza. Questi sono gli affari. E chissà, come mi ha detto Kristian stringendomi la mano con la sua manona bulgara prima di congedarci, la prossima volta ci vediamo a Sofia.

Indice